Rob Parsons

DER 60-MINUTEN-VATER

Rob Parsons

Der -60- Minuten Vater

Wie eine Stunde die Beziehung zu Ihrem Kind für immer verändert

Projektion J Buch- und Musikverlag GmbH
Wiesbaden

Titel der Originalausgabe:
The Sixty Minute Father

Published by Hodder and Stoughton Ltd
338 Euston Road, London NW1 3BH

by Projektion J Buch- und Musikverlag GmbH,
Rheingaustraße 132, D-65203 Wiesbaden

ISBN 3-89490-141-1

Die Bibelstellen wurden der Einheitsübersetzung entnommen.

Übersetzung: Claudia Uhlenberg
Umschlaggestaltung: Agentur Jäger & Waibel
Satz: Projektion J Buch- und Musikverlag GmbH

1 2 3 4 99 98 97 96

Für unsere besondere Freundin
Alicia Owens, die wußte,
in welche Richtung sie ging.

»Wenige der Menschen, die ein erfolgreiches Leben geführt haben, erreichten auch den wichtigsten Erfolg von allen, nämlich ein guter Vater zu sein und an den Freuden und zusätzlichen Dimensionen teilzuhaben, die eine enge Beziehung innerhalb der Familie bieten kann. Der 60-Minuten-Vater *kann jedem Geschäftsmann helfen, das richtige Gleichgewicht zwischen Familie und Beruf zu finden.«*

Sir John Harvey-Jones; ehemaliger Vorsitzender
des MBE und Managementberater

»Zu häufig stehen diejenigen von uns, die stark in das Geschäftsleben eingebunden sind, in der Gefahr, ihr wichtigstes Kapital zu verlieren – unsere Familie. Die Lektüre des 60-Minuten-Vaters erinnerte mich an die Gelegenheiten, die ich verpaßt habe; und obwohl ich mit einer liebevollen Familie und zwei Kindern gesegnet bin, die mir viel Freude bereiten, weiß ich, daß mir dieses Buch dabei helfen wird, ein besserer Großvater zu sein.«

Tom Farmer CBE; Vorsitzender und Generaldirektor
der Kwik-Fit Holdings PLC und Vorstandsmitglied
der Vereinigung Investors in People

»Ich muß Überstunden machen – manchmal nur, damit sich die Enden zweier Gasleitungen treffen – aber ich glaube, daß dieses Buch zur Pflichtlektüre für alle Eltern werden sollte.«

Graham Evans; Gasinstallateur

INHALT

DANK

Viele Freunde haben an diesem Buch mitgewirkt. Mein besonderer Dank gilt George Russell, Lyndon Bowring, Jonathan Booth, Jacqui Butler, Charlie Colchester, Clive Price, Helen Payton, Paul McCusker und meinem Verleger, James Catford.

Meine Frau Dianne gab mir immer wieder die nötige Motivation, konnte mich aber genausogut bremsen, wenn ich mich selbst zu ernst nahm. Ich verdanke ihr mehr, als ihr bewußt ist.

Samstagabend im Kino

Wir haben draußen im Regen Schlange gestanden, bis wir nun endlich den Kinosaal betreten dürfen, mit zwei kleinen Kindern, einer Familienpackung Lakritz und einer Riesenflasche Cola unter dem Arm. Wir sind spät dran und murmeln Entschuldigungen, wenn Leute aufstehen müssen, um uns zu unseren Sitzen durchzulassen. Endlich haben wir Mäntel, Kinder, Cola und Lakritz an ihrem Platz. Wir ertragen zehn Minuten Werbung, fünf Minuten Filmvorschauen, aber dann ist es schließlich soweit. Der Film kann beginnen!

Der Film heißt »Hook« und wurde für Kinder freigegeben, also sind keine furchterregenden Szenen zu erwarten. Weit gefehlt! Manche Väter gestehen später, daß sie bei der Anfangsszene mehr Angst hatten als damals, als sie sich im Alter von zwölf Jahren in den Film »Die Rückkehr Draculas« hineingeschlichen hatten.

Stellen Sie sich diese Szene einmal bildlich vor. Die Hauptfiguren sind: die Eltern Peter und Moira, die Kinder Sophie und Jack.

Szene 1: Die jährliche Schultheater-Aufführung

Im Saal wimmelt es von Eltern, die meisten von ihnen sind Mütter, aber mitten im Publikum erblicken wir Peter, einen

Enddreißiger, der sich beruflich auf Firmenzusammenschlüsse und -ankäufe spezialisiert hat. Er ist ehrgeizig, erfolgreich und, so hat man den Eindruck, auch ein wenig rücksichtslos. Er ist die Sorte Mann, die alles möglich machen kann. Rechts neben ihm sitzt sein Sohn Jack, ein Elfjähriger, und daneben seine Frau Moira. Auf der Bühne spielt die fünfjährige Sophie mit wahrer Hingabe die Figur der Wendy aus Peter Pan.

Es ist eine typische Szene; Video-Kameras surren, stolze Eltern lächeln, und manchen Großmüttern schleicht sich eine Träne in den Augenwinkel. Plötzlich piepst Peters Handy. Es ist sein Partner Brad, der ihm Neuigkeiten über die laufenden Verhandlungen mitteilen will. Peter hält das Telefon dicht vor seinen Mund und flüstert: »Ich kann jetzt nicht reden, ich bin bei der Schulaufführung meiner Tochter.«

Man hat den Eindruck, daß sich Brad noch nicht einmal abwimmeln lassen würde, wenn Peter gesagt hätte: »Ich kann jetzt nicht reden, ich bekomme gerade eine Herztransplantation.« Schließlich verspricht Peter: »Wir treffen uns morgen.« Doch da dreht sich sein Sohn zu ihm um: »Aber Papa, da ist doch mein großes Fußballspiel – du hast doch versprochen, daß du kommst.« Peter zögert, dann flüstert er in das Telefon: »Wir können uns aber nur kurz treffen, Brad, mein Sohn hat morgen ein Fußballspiel.« Er steckt sein Handy wieder ein und lächelt Simon zu: »Junge, ich werde da sein, ich gebe dir mein Wort.«

Peter hatte nicht die Absicht, sein Wort zu brechen, aber das Treffen mit Brad dauert länger als geplant und er stellt fest, daß er zu spät zum Spiel kommen wird.

Schnitt: Beim Fußballspiel

»Wo ist er denn?« fragt die Mutter besorgt und Simon versucht, seinen Vater in der Menschenmenge zu entdecken.

Ein junger Platzwart spricht sie an: »Guten Tag, Mrs. Brannon. Ihr Mann wird etwas später kommen. Er hat mich beauftragt, den Teil des Spiels auf Video aufzunehmen, den er verpaßt – welches ist denn Ihr Sohn?«

Schnitt: Straße vor dem Stadion. Eine Stunde später.

Peter biegt um die Ecke und bringt den Wagen mit quietschenden Reifen zum Stehen. Das Stadion liegt ruhig und verlassen vor ihm.

Wenn sein rastloser Lebensstil schon seinen Kindern Schwierigkeiten bereitet, so hat es seine Frau noch schwerer damit. Sie ist zwischen beiden Seiten hin und her gerissen. Sie sieht, daß die Kinder ihren Vater vermissen, und auch, daß einmal der Tag kommen wird, an dem er diese Jahre von ganzem Herzen bedauert. Als er schließlich zu Hause ankommt, versucht sie mit dem Mut der aufkommenden Verzweiflung zu ihm durchzudringen:

»Deine Kinder lieben dich. Sie wollen mit dir spielen; was denkst du denn, wie lange das anhält? Bald wird Jack nicht mehr wollen, daß du zu seinen Spielen kommst. Es sind nur ein paar kurze Jahre mit unseren Kindern, in denen wir diejenigen sind, die sie um sich haben wollen. Später werden wir hinter ihnen herlaufen, um ein wenig Aufmerksamkeit zu erlangen. Es geht so schnell, Peter, nur ein paar Jahre, dann ist es vorbei ... und du verpaßt es.«

Natürlich gibt es im realen Leben Termine, die man einhalten muß, Ziele, die erreicht werden müssen, und Rechnungen, die bezahlt werden müssen. Der Druck kann enorm sein. Viele Väter müssen Überstunden machen, um ihre Arbeitsstellen zu behalten, während wieder andere das Trauma der Arbeitslosigkeit durchleben.

All das ist wahr, aber die ernüchternde Tatsache ist, daß viele von uns, unabhängig von ihrer Situation, das Talent haben, unnötiges Beschäftigtsein zu schaffen. Es ist egal, ob die Anforderungen des Berufs groß oder klein sind, oder ob wir überhaupt eine Arbeit haben; wir füllen unser Leben mit Aktivitäten an, die uns die Zeit rauben für die Dinge, die wirklich wichtig sind.

Ein solcher Lebensstil verschafft uns außerhalb unseres Zuhauses durchaus eine gewisse Anerkennung. Wir sind in unseren Hobbies erfolgreich, am Arbeitsplatz geschätzt und – aus der Sicht unserer Freunde – für das Gelingen einer Party einfach unverzichtbar. Das wäre alles ganz in Ordnung, würde man von der Tatsache absehen, daß ein solches Leben oft an den Punkt führt, an dem man eines Tages rückblickend nur eines wirklich bedauert: die Gelegenheit zum Elternsein verpaßt zu haben.

Das Phänomen eines übergeschäftigen Lebensstils und Arbeitslebens beschränkt sich nicht nur auf Männer; Frauen fühlen diesen Druck ebenso schmerzhaft. Dennoch gibt es keinen Zweifel daran, daß in allen industrialisierten Kulturen auf der ganzen Welt eine Krise der Vaterrolle festgestellt werden kann.

Dieses Buch richtet sich an vielbeschäftigte Menschen; Sie können es in etwa einer Stunde lesen. An entscheidenden Stellen gibt es *60-Sekunden-Seiten*, die den Kern dessen zusammenfassen, was Sie gerade gelesen haben. Es gibt eine einzige *1-Sekunden-Seite*. Wenn Sie zu beschäftigt sind, um irgend etwas anderes zu lesen, dann lesen Sie wenigstens diese. Wenn Sie zu beschäftigt für die *1-Sekunden-Seite* sind – dann befinden Sie sich in größeren Schwierigkeiten, als Ihnen bewußt ist!

Gelegentlich stoßen Sie auf eine *Aktionsseite*. Ich habe einige Väter gebeten, mir einfache Dinge zu nennen, die sie mit ihren Kindern unternommen haben, aber von denen sich herausgestellt hat, daß sie für ihre Beziehung von Bedeutung waren. Manche sind für alle Kinder geeignet, andere beziehen sich auf bestimmte Altersgruppen. Manchmal stellen wir die Frage: »Was kann ich tun, damit sich etwas ändert?« Sie werden vielleicht einige Anregungen dazu auf den Aktionsseiten finden.

Die Punkte, auf die ich hier eingehe, sind nicht aus Erfolg geboren, sondern aus Versagen heraus, auch wenn ich dankbar dafür bin, daß ich einiges davon gelernt habe, bevor es für meine eigene Familie zu spät war. Ich kann mich gut daran erinnern, wie ich von der Arbeit nach Hause kam und mich an den Tisch zum Abendessen setzte. Meine Frau hatte es schon lange aufgegeben, mit mir zu dieser Stunde des Tages ein Gespräch führen zu wollen, aber meine beiden kleinen Kinder hatten noch nicht resigniert: »Papa, ich bin am Samstag in der Fußballmannschaft.« »Susan hat mich heute schon wieder an den Haaren gezogen.« Aber ich war abwesend, mit meinen Gedanken immer noch bei einem Kunden oder dabei, die Strategie für den Abend zu planen. Ich murmelte vielleicht eine Antwort. Und dann klingelte das Telefon und der kleine Junge sagte: »Papa, es ist für dich.« Und plötzlich erwachte ich wieder zum Leben – und unterhielt mich angeregt. Und zwei kleine Kinder beobachteten mich. Sie haben nicht auf den Boden gestampft oder getreten; es wäre besser für mich gewesen, wenn sie das getan hätten. Aber die Botschaft, die sie laut und deutlich empfingen, lautete: »Das ist ihm wichtig. Das bringt wieder Leben in ihn.« Diesen Lebensstil zu verändern, bedeutet für mich einen noch andauernden Kampf; dieses Buch enthält einige der Lektionen, die ich in diesem Prozeß bereits gelernt habe.

Ich weiß, daß es einige Väter geben wird, die ihren Kindern liebend gerne mehr Zeit widmen würden, aber von ihnen getrennt sind, weil die Familie auseinandergebrochen ist. Ich will nicht für mich in Anspruch nehmen, daß das ganze Buch für Ihre Situation von Bedeutung ist, aber ich hoffe, daß es doch einige Teile davon sind und diese Ihnen dabei helfen, die Zeit mit ihrem Kind so fruchtbar wie möglich zu gestalten, egal, wie kurz oder lang sie auch sein mag.

Die Vaterrolle ist keine leichte Rolle, und es gibt keine Garantien dafür, wie sich Ihre Kinder entwickeln werden. Wenn ich das sage, habe ich das Gefühl, daß eine Zeit kommen wird, in der jeder von uns zurückschaut und sich fragt, ob er bei dieser Aufgabe sein Bestes gegeben hat.

In diesem Buch gibt es zehn Ziele, auf die wir uns ausrichten sollten. Jedes von ihnen ist ein wirkungsvolles Werkzeug für die Aufgaben als Vater und jedes enthält das Potential, unser Leben und das unserer Kinder zu verändern – für immer.

Ziel 1

Nutze den Tag

Gelegenheiten

Vincent Foster war Rechtsanwalt – aber nicht irgendein x-beliebiger Rechtsanwalt. Er war bis an die Spitze seines Berufsstands aufgestiegen und war nun der stellvertretende Rechtsberater des Präsidenten der Vereinigten Staaten von Amerika. Er war einer der mächtigsten Juristen der Welt. Während seiner Amtszeit hielt er einen Vortrag vor der Abschlußklasse der *Arkansas University School of Law*.

Stellen Sie sich den überfüllten Hörsaal vor, die mehreren hundert Studenten, die so gespannt darauf waren, den Mann zu hören, dem sie nacheifern wollten. Lassen Sie uns hinten in den Saal hineinschlüpfen und ein wenig von dem mitanhören, was er an diesem Tag gesagt hat:

> *»Vor drei Wochen feierten meine Frau Lisa und ich unsere Silberhochzeit, und hier in der Fayetteville University of Arkansa Law School haben wir unseren ersten Hochzeitstag gefeiert. Wie viele hier im Publikum begann sie damit, mich durch das Jurastudium zu bringen und fünfundzwanzig Jahre hindurch ermutigte sie mich immer wieder, durchzuhalten und meine Ziele höher zu stecken. Sie ist mein Verleger gewesen, mein Rechtsbeistand und mein bester Freund. Ich wünsche jedem von ihnen eine Lisa.«*

In dem Hörsaal war es vollkommen still. Vielleicht gerade deswegen, weil seine Worte weit über die bloße Rechtswissenschaft hinausgingen. Er fuhr fort:

»Lassen Sie mich ein Wort über die Familie sagen. Sie haben vielfach gezeigt, daß Sie strebsame Menschen sind, die bereit sind, viele Stunden hart zu arbeiten und Ihr Privatleben hintanzustellen. Aber das erinnert mich an die Beobachtung, daß man noch von niemanden auf dem Totenbett gehört hat: ›Ich wünschte, ich hätte mehr Zeit im Büro verbracht.‹ Finden Sie ein kluges Gleichgewicht zwischen Ihrem Berufsleben und Ihrem Privatleben.

Wenn Sie das Glück eigener Kinder haben, dann werden Ihnen Ihre Eltern wahrscheinlich die Warnung mitgeben: ›Paßt auf, ehe ihr euch verseht, sind sie herangewachsen und aus dem Haus gegangen.‹ Ich kann bestätigen, daß das wahr ist. Gott allein gibt uns so viele Gelegenheiten, unseren Kindern eine Geschichte vorzulesen, mit ihnen angeln zu gehen oder fangen zu spielen und mit ihnen gemeinsam zu beten. Versuchen Sie, nicht eine davon zu verpassen. Das Büro kann warten. Es wird immer noch da sein, wenn Ihre Kinder aus dem Haus gegangen sind.«

Sechs Wochen später war Vincent Foster tot. Sein Leben endete unter tragischen Umständen. Die offizielle Todesursache lautete: Selbstmord.

Niemand weiß, welche schlimmen Erinnerungen diesen Mann in den letzten Monaten seines Lebens bedrängten, aber als ich die Worte las, die er an diesem Tag gesprochen hatte, war es, als kämen sie aus einer anderen Welt. Ich verstehe so deutlich, was er zu diesen jungen Juristen sagte, nicht nur, weil ich selbst auch Anwalt bin. Ich erinnere mich gut an den Tag, an dem mir dämmerte, daß mir, obwohl ich nach den allgemeinen Maßstäben als erfolgreich gelten konnte, diejenigen, die ich wirklich liebte, aus der Hand glitten.

Meine Herkunft unterschied sich nicht sehr von der Vincent Fosters. Meine Eltern waren nicht wohlhabend, und meine Frau hat ebenfalls gearbeitet, um mir durch das Jurastudium zu helfen. Ich wurde Partner in einer erfolgreichen Anwaltskanzlei, ein Redner über Management-Themen, war sowohl im Inland als auch im Ausland gefragt, und gleichzeitig wuchsen meine Kinder ohne mich auf. Ich sagte mir, daß ich das alles für sie täte, aber ihnen wäre es sicher lieber gewesen, etwas weniger Luxus zu haben und dafür etwas mehr von mir.

Und eines Tages wurde mir klar, daß meine Familie und ich einen Preis bezahlen müßten, den ich für den Rest meines Lebens bereuen würde, wenn, ja wenn ich mich nicht ändern würde.

Aktionsseite

- ❑ Tragen Sie in Ihren Terminkalender die Termine ein, die für Ihre Kinder wichtig sind: Geburtstage, Schulkonzerte, Sportereignisse.

- ❑ Kümmern Sie sich so viel wie möglich um Ihr neugeborenes Baby. Wechseln Sie so viele Windeln, wie Sie können und halten Sie es häufig im Arm. Sprechen Sie mit dem Baby, als ob es jedes Wort verstehen könnte – Fußball ist als Thema völlig ausreichend.

- ❑ Beginnen Sie ein Hobby oder eine Freizeitaktivität mit Ihrem Kind, die nicht von körperlicher Fitneß abhängig sind. Sie werden das vielleicht für den Rest Ihres Lebens gemeinsam tun.

Ein Vater blickt zurück

Ein Vater hatte sich hingesetzt und blätterte in einem Fotoalbum der Familie. Seine Kinder waren beinahe erwachsen und der Tag, an dem das Haus von unordentlichen Zimmern und dröhnender Musik frei sein würde, war näher gerückt, als es ihm lieb war. Es war keine herausragende Sammlung von großem fotografischem Können und gelegentlich waren sogar ganze Köpfe abgeschnitten, aber dennoch barg es die Erinnerung an viele Jahre in sich.

Es war kein wohlsortiertes Album: Niemand hatte in der vorgesehenen Weise das Datum und den Ort auf die Rückseite jedes Fotos geschrieben. Achtzehn Jahre Familienleben waren hoffnungslos durcheinandergeworfen. Und doch konnte man in diesen Erinnerungen die unmißverständliche Reise ablesen, die diese Familie über die Jahre unternommen hatte.

Da war ein Kleinkind mit einem breiten Lächeln, das keine Spur von Verlegenheit darüber zeigte, daß es nur einen Zahn hatte. Zwei Kinder spielten am Strand, ein Schafhirte umschlang grimmig ein Stoffschaf in einem Krippenspiel, das sogar ein wohlwollender Kritiker mit der Bezeichnung »Low-budget-Produktion« versehen hätte! Eine Frau saß auf einer Mauer, mit drei Kindern an ihrer Seite – eines davon lächelte wunderschön, ein anderes blinzelte in die Sonne und das dritte zog eine Grimasse. Es gab Weihnachtsfeste und Tantenbesuche, Geburtstage sowie Tiere, die für einen kleinen Zoo ausgereicht hätten.

Und dann lächelte er und griff nach einem Foto, das auf die Innenseite des Einbands geklebt war. Auf diesem Foto lächelte ihn ein junger Mann an. Er befand sich offensichtlich in einem Krankenhauszimmer und hielt ein neugeborenes Baby in seinen Armen. Er hatte eine Firma aufgebaut, saß in zahlreichen Gremien und Komitees und hatte ohne Zweifel das erreicht, was andere Erfolg nennen. Als er das Bild anstarrte, ließ er die Schultern sinken. Schließlich hob er den Kopf und murmelte: »Ich würde es heute alles eintauschen, wenn ich die Zeit zurückdrehen und wieder von vorne anfangen könnte.«

Ich habe diesen Vater so viele Male an tausend verschiedenen Orten getroffen. Wo immer ich auf der Welt gesprochen habe, war er da. Er ist ein Geschäftsmann, Klempner, Universitätsdozent oder Fabrikarbeiter. Ist er ein schlechter Vater? Sorgt er sich vielleicht nicht um seine Kinder? Nein, auf viele Arten ist er ein guter Vater. Er liebt seine Familie, er sorgt für sie und versucht, ihnen nur das Beste zu geben. Wenn Sie ihn fragen würden, was wichtiger sei – seine Arbeit, Hobbies oder seine Familie, würde er sofort antworten: »Meine Frau – und meine Kinder.« Und nun ist er fünfzig Jahre alt, seine Kinder sind erwachsen und er hat das Gefühl, ihre Kindheit verpaßt zu haben.

Dieser Mann weiß, was man unter einer Top-Gelegenheit versteht. Er haßt es, auch nur eine von ihnen zu versäumen. Für den einen gilt es, rasch einen wichtigen Kunden an Land zu ziehen, beim anderen bietet sich die Möglichkeit, eine neue Technologie zu entwickeln oder als erster Verkaufsmöglichkeiten auf einem neuen Markt zu erschließen.

Das Unglaubliche ist, daß so viele Väter, die in ihrem Beruf nie solche Gelegenheiten verpaßt haben, an der »Top-Gelegenheit« der Kindheit ihrer eigenen Kinder vorbeilaufen, als ob diese Chance ihnen zeitlebens zur Verfügung stehen würde.

Zählen Sie die Tage

Wie lange besteht diese Gelegenheit? Die Wahrheit ist, daß unsere Kinder wahrscheinlich keine Zeit mit uns verbringen werden, wenn sie Teenager sind, wenn wir keine Zeit mit ihnen verbracht haben, als sie klein waren. Aber lassen Sie uns großzügig mit uns selbst sein und annehmen, daß wir Zeit haben, bis sie achtzehn Jahre alt sind, um eine starke Beziehung zu ihnen aufzubauen. Diese achtzehn Jahre im Leben unserer Kinder beinhalten 6 570 Tage. Jeder Tag bietet vielleicht die Gelegenheit, Zeit mit ihnen zu verbringen, Werte an sie weiterzugeben, die uns wichtig sind, oder ihnen nur beizubringen, wie man einen Drachen steigen läßt.

Ich mußte gelegentlich Klienten im Gefängnis besuchen. Solche Besuche finden normalerweise in einem Sprechzimmer statt, aber ich erinnere mich an einen Besuch, bei dem ich in einer Zelle sah, daß Zahlen in die Wand eingeritzt waren. In dieser Zelle hatte ein Mann zehn lange Jahre verbracht. Und jeden Abend, wenn er zu Bett ging, ritzte er einen Strich ein. Jeder von ihnen stand für einen Tag – vierundzwanzig Stunden weniger abzusitzen.

Es ist für uns unmöglich, uns auch nur vorzustellen, wie träge die Zeit an einem solchen Menschen vorüberzieht. Unter dem Druck des modernen Lebens erleben wir viel eher das entgegengesetzte Phänomen; wir bemerken gar nicht, wie schnell die Tage vorübergehen.

Ich kann mir nicht vorstellen, daß es auf dieser Erde einen Vater gibt, der bewußt die Gelegenheit verstreichen lassen würde, eine starke Beziehung zu seinen Kindern aufzubauen, wenn ihm klar wäre, was da vor sich geht. Aber häufig bemerken wir es nicht und die Jahre gleiten vorbei, immer ein Tag nach dem anderen.

Carpe diem – Nutze den Tag!

Erinnern Sie sich an die alten Schulfotografien? Einmal im Jahr kam der Mann mit der Kamera und versuchte, 400 Kinder auf ein Bild zu bekommen. Er benutzte dazu einen Fotoapparat, der sich drehte. Er begann an einem Ende der Reihe und bewegte sich durch ein Meer von jungen Gesichtern bis an das andere Ende.

Es war Rowland Thompson (Klasse 4 b), der als erster herausfand, daß ein solches Instrument wunderbare Möglichkeiten für Lausbuben in sich barg: Ich war gerade auf der Toilette, als er seinen Plan erklärte und hatte die Gelegenheit, unter den 400 zu sein, als er ihn ausführte. In dem Moment, als die Kamera Rowlands leuchtendes Gesicht erfaßt hatte, rannte er hinter der Gruppe an das andere Ende der Reihe ... und kam zweimal auf das Bild.

Ich war auch dabei, als Rowland mit hoch erhobenem Kopf aus dem Büro des Direktors herauskam. Weder Beschimpfungen noch der Rohrstock hatten diesen unzähmbaren Geist bezwingen können, als er flüsterte: »Es war es wert.«

Wir haben alle schon einmal unsere alten Schulfotos angeschaut. Schüler aus vergangenen Jahren sehen uns an – Helden, Rabauken, Streber, Clowns, alle lächeln, als ob dieser Moment niemals vorübergehen würde; als ob die Zeit nie von ihnen verlangen würde, die Schuluniform gegen einen Anzug oder Overall einzutauschen, nie fordern würde, den Lolli gegen eine Rechnungsablage auszuwechseln oder die Wasserpistole abzugeben und statt dessen einen Geschäftsplan in die Hand zu nehmen.

Das Versprechen des »Morgen«

Es gibt eine ähnliche Szene in dem Film »Der Club der toten Dichter«. Eine Gruppe von Teenagern geht mit ihrem Lehrer durch einen Gang, an dessen Wänden alte Fotografien hängen. Dutzende von jungen Menschen, gebannt auf Fotopapier, blikken sie aus den Rahmen an; Gesichter voller Möglichkeiten, Leben am Beginn einer Reise. Aber viele von ihnen sind bereits tot, hinweggerafft von Kriegen in Deutschland, Frankreich und Vietnam.

Die normalerweise lebhaften Schüler sind still, als sie in die Gesichter der früheren Generationen sehen; ihr Lehrer flüstert ihnen das lateinische Sprichwort »Carpe diem – nutze den Tag« ins Ohr. Das bedeutet, daß keines unserer »morgen« garantiert ist und wir heute das Beste aus jeder Gelegenheit machen müssen.

Pflücke die Rosenknospen, solange du kannst
die alte Zeit zieht schnell vorüber
und dieselbe Blume, die dir heute ein Lächeln zuwirft,
wird morgen vielleicht schon vergehen.[1]

Robert Herrick

Das »Carpe diem«-Prinzip trifft nirgends mehr zu als in der Zeit, in der man Vater ist. Und zwar deshalb, weil sich die Tür der Kindheit so schnell und endgültig schließt. Einer der Gründe, warum wir kaum eine wirklich gute Zeit mit unseren Kindern verbringen, liegt darin, daß wir, solange sie klein sind, immer in dem Gedanken leben, es gäbe selbstverständlich ein »morgen«. Dieser eine Fehler macht es möglich, daß wir durch die Jahre ihrer Kindheit gehen und immer wieder sagen: »später«, »morgen«, »nächste Woche« oder »Es tut mir leid, ich weiß, ich habe es versprochen, aber ich werde *das nächste Mal* mit dir spielen«.

Während dieser Jahre ist die Tür der Kindheit weit geöffnet. Unsere Kinder wollen Zeit mit uns verbringen; oft wollen sie noch nicht einmal, daß wir etwas Bestimmtes mit ihnen tun, sie wollen nur, daß wir da sind. Während diesen Zeiten ist ihr Geist weit offen. In diesen frühen Jahren haben wir die Gelegenheit, die Dinge an sie weiterzugeben, die uns wichtig sind. Es ist eine Zeit, in der wir ihnen weitersagen können, was wir glauben.

Wenn wir jung sind, lernen wir die Lektionen, die die Grundlage für ein ganzes Leben bilden.

In seinem Buch *All I Really Need to Know I Learned in Kindergarten*[2] [Alles, was ich wirklich wissen mußte, habe ich im Kindergarten gelernt.] wirft Robert Fulghum ein Licht darauf, wie die Lektionen, die wir in den frühen Jahren gelernt haben, ein Fundament für das ganze Leben bilden:

> *Alles, was ich wirklich über mein Leben, über die Art, wie ich es führen und was ich tun und wie ich sein soll, wissen muß, habe ich schon als Kind gelernt. Nicht den ätherischen Höhen der High-School, sondern dem Sandkasten im Kindergarten habe ich all meine Weisheit zu verdanken. Dort habe ich folgendes gelernt:*
>
> *Teile alles mit den anderen.*
>
> *Sei fair.*
>
> *Schlage niemanden.*

Lege die Dinge immer dorthin zurück,

wo du sie gefunden hast.

Räume deine Sachen auf, wenn du sie in Unordnung gebracht hast.

Nimm nichts, was dir nicht gehört.

Entschuldige dich, wenn du jemandem weh getan hast.

Wasch dir vor dem Essen die Hände.

Wenn du auf der Toilette gewesen bist, betätige die Spülung.

Warme Plätzchen und kalte Milch sind bekömmlich.

Führe ein ausgewogenes Leben – lerne etwas und denke nach, aber zeichne auch jeden Tag ein wenig und male, singe, tanze, spiele und arbeite.

Halte jeden Nachmittag ein Nickerchen.

Wenn du auf die Straße gehst, achte auf den Verkehr, und wenn ihr zu mehreren unterwegs seid, faßt euch bei den Händen und bleibt zusammen.

Achte auf die Wunder, die dich umgeben. Vergiß nicht das kleine Samenkorn im Blumentopf: Die Wurzeln gehen hinunter, und die Pflanze wächst nach oben – und niemand weiß wirklich, wie oder warum das so ist, aber wir alle sind wie das Samenkorn.

Goldfische, Hamster und weiße Mäuse und sogar das kleine Samenkorn im Blumentopf – sie alle sterben.

Das tun wir auch.

Und dann erinnere dich an deine Bilderbücher aus jenen Tagen und an das erste Wort, das du gelernt hast – das allerwichtigste Wort: »SCHAU«.

Aktionsseite

- ❑ Kinder lieben es, Post zu bekommen. Wenn Sie unterwegs sein müssen, dann schreiben Sie ihnen ein paar Zeilen.

- ❑ Lesen Sie Ihren Kindern laut vor.

- ❑ Sagen Sie Ihren Kindern jeden Tag, daß Sie sie lieben. Zeigen Sie so oft wie möglich körperliche Zuneigung.

Die Tür der Kindheit schließt sich

Wenn Sie noch kleine Kinder haben, dann möchte ich Ihnen ein paar Dinge über die Teenager-Jahre sagen, die bereits im Hinterhalt auf Sie warten. Heute schütten Ihnen Ihre Kinder ihr Herz aus – dann sind sie vielleicht patzig. Heute lieben sie es, auf der Straße an ihrer Hand zu gehen – dann wollen sie vielleicht noch nicht einmal tot mit Ihnen gesehen werden. Heute gehen sie um neun Uhr ins Bett, dann werden Sie vielleicht die halbe Nacht wachliegen und sich fragen, ob Sie sie jemals wiedersehen werden. Sie denken vielleicht, daß ihr Zimmer jetzt unaufgeräumt ist, aber später benötigen Sie vielleicht eine Tetanusspritze, bevor Sie sich überhaupt hineinwagen.

Obwohl all das wahr ist, so besteht dennoch die Möglichkeit, daß Ihre Kinder im Alter von fünfzehn, sechzehn oder siebzehn Jahren auf Sie hören werden, wenn Sie jetzt auf Ihre Kinder hören, solange sie fünf, sechs oder sieben Jahre alt sind.

Mein Sohn kam immer zu mir ins Badezimmer und bat mich: »Papa, erzähl mir eine Geschichte, während du dich rasierst.« Wir hatten eine Figur erfunden, die wir Thommy nannten und der große Abenteuer erlebte. Lloyds Lieblingsgeschichte war es, wenn der schlimmste Junge der Schule Thommy auflauerte, ohne zu wissen, daß dieser sein lange vermißter Zwillingsbruder war ... und außerdem zufällig noch ein Karateprofi.

Er bat mich jeden Tag um diese Geschichten. Und dann, eines Tages, kam er nicht. Er schickte mir keine Postkarte, um mich zu warnen, daß das passieren werde, er sagte noch nicht einmal: »Übrigens, Papi, dieser Morgen ist das letzte Mal.« Es war um 7 Uhr morgens an einem regnerischen Wintertag, als sich diese besondere Türe leise schloß.

Dies war eine Gelegenheit, eine Geschichte zu erzählen und ein wenig Zeit miteinander zu verbringen, aber das Prinzip trifft für alle diese Kindheitserfahrungen zu. Es handelt sich um Zeiten, in denen unsere Kinder mit uns zusammen sein wollen, hören wollen, was wir denken, Fragen stellen, die sie bewegen und Antworten hören möchten, die uns wichtig sind.

Niemand faßt so gut zusammen, wie schnell diese Gelegenheiten vorübergehen wie Harry Chapin in *Cat's in the Cradle*[3]. Es ist ein Lied über einen Jungen, der seinen Vater jeden Tag bat, Zeit mit ihm zu verbringen:

»Wann kommst du nach Hause, Papa?«

»Ich weiß nicht, wann,

aber wir machen dann etwas zusammen –,

weißt du, wir werden dann eine gute Zeit haben.«

Aber dieser Vater ist ein vielbeschäftigter Mann, »Da sind Flugzeuge, die er erreichen muß und Rechnungen sind zu bezahlen.« Im Verlauf des Lieds wächst der Junge von einem Kleinkind zu einem Zehnjährigen heran, und die ganze Zeit über sagt er: »Danke für den Ball, Papa, komm, laß uns spielen.« Und sein Vater verspricht ihm, daß sie sehr bald Zeit zusammen haben werden.

Aber dann passiert es; die Zeit wendet ihren großen Trick an und plötzlich ist aus dem Jungen ein Mann geworden. Jetzt hat der Vater Zeit – aber die Tür ist verschlossen.

Nun, er kam an einem Tag aus dem College nach Hause,

so sehr schon ein Mann, daß ich sagen mußte,

»Junge, ich bin stolz auf dich,

kannst du dich nicht ein Weilchen zu mir setzen?«

Er schüttelte den Kopf und sagte mit einem Lächeln –

»Aber ich würde mir wirklich gerne die Autoschlüssel
ausleihen, Papa, wir sehen uns später,
kann ich sie bitte haben?«
»Wann kommst du denn nach Hause, Junge?«
»Ich weiß nicht wann,
aber wir machen dann etwas zusammen,
weißt du, wir werden dann eine gute Zeit haben.«

Es wird nur wenige von uns geben, die bei solchen Themen keine Schuldgefühle verspüren. Es gibt keinen Zweifel daran, daß die Zeit, die wir mit unseren Kindern in den frühen Jahren verbringen, besonders wertvoll ist. Die befreiende Nachricht ist aber, daß wir in jedem Alter – ob sie drei oder dreiunddreißig Jahre alt sind – einen prägenden Einfluß auf ihr Leben haben können. Es gibt viele Männer, die eine Beziehung zu ihren Vätern erst viele Jahre, nachdem sie von zu Hause weggegangen sind, entdeckt haben. Aber auch in diesem Abschnitt des Lebens sind dieselben Dinge vonnöten wie bei unseren kleinen Kindern: Zeit und Mut, den Tag zu nutzen.

So, lassen Sie uns diese achtzehn Jahre der Kindheit noch einmal betrachten und uns für einen Moment vorstellen, eine Eieruhr enthielte keinen Sand, sondern Tage. Als Ihr Kind geboren wurde, enthielt die Uhr 6 570 Tage. Wenn Ihr Kind zehn Jahre alt ist, sind 3 650 bereits vorüber. Sie haben noch 2 920 übrig. Kein Geldbetrag, Macht oder Ansehen kann diese Anzahl vergrößern.

Vincent Foster hatte recht: »Verpassen Sie keinen einzigen davon!«

Die 60-Sekunden-Seite

Man hat noch von niemandem auf dem Totenbett gehört: »Ich wünschte, ich hätte mehr Zeit im Büro verbracht.«

Die Tür der Kindheit schließt sich schnell und endgültig.

In diesen frühen Jahren haben wir die Gelegenheit, die Dinge an sie weiterzugeben, die uns wichtig sind. Es ist eine Zeit, in der wir ihnen weitersagen können, was wir glauben.

Es besteht die Möglichkeit, daß Ihre Kinder im Alter von fünfzehn, sechzehn oder siebzehn Jahren auf Sie hören werden, wenn Sie jetzt auf Ihre Kinder hören, solange sie fünf, sechs oder sieben Jahre alt sind.

Wenn Ihr Kind zehn Jahre alt ist, sind 3 650 Tage bereits vorüber. Sie haben noch 2 920 übrig.

Vincent Foster hatte recht: »Verpassen Sie keinen einzigen davon.«

Machen Sie eine kurze Atempause

Es gibt kaum einen Vater, der nicht sagen würde: »Ich möchte das auch! Ich möchte so viel Zeit wie möglich mit meiner Familie verbringen.« Das Problem liegt eindeutig darin, daß wir einfach nicht genügend Zeit haben. Wir wollen den Tatsachen ins Auge blicken, bei unserem vollen Terminkalender war es bereits ein Opfer, bis hierhin zu lesen. Wie können wir also den Freiraum schaffen, um sogar noch mehr Zeit für die Aufgabe zu verwenden, starke Beziehungen zu unseren Kindern aufzubauen?

Es wäre traumhaft, wenn wir einfach in das Büro unseres Chefs hineinmarschieren könnten oder den Aktionären schriftlich mitteilen könnten: »Ich habe eine gute Nachricht! Ich werde ein besserer Vater; das bedeutet, daß ich nicht mehr so viel arbeiten werde. Übrigens, rufen Sie mich bitte nicht mehr zu Hause an.« Das Problem liegt darin, daß sich die Welt um uns nicht einfach anhalten läßt, damit wir den Anschluß bekommen und ein guter Vater werden. Die Wahrheit ist, daß es viele Anforderungen an unseren Zeitvorrat gibt, gegen die wir nicht viel unternehmen können. Aber sehr häufig entsteht der größte Zeitdruck durch die unnötige Geschäftigkeit, die wir selbst schaffen.

Das nächste Ziel soll uns dabei helfen, damit umzugehen, aber das bedeutet, daß wir uns mit drei großen Illusionen auseinandersetzen müssen. Jede von ihnen hat eine Menge Macht, aber die letzte von ihnen wirkt verheerend in ihrer Fähigkeit, uns Zeit für die Dinge zu rauben, die wirklich wichtig sind. In diesem Sinn gehört sie in eine eigene Kategorie; ich habe sie deshalb »die größte Illusion von allen« genannt.

Als ich ein vierzehnjähriger Junge war,
war mein Vater ein solcher Ignorant,
daß ich es kaum ertragen konnte,
ihn um mich zu haben.
Aber als ich einundzwanzig wurde,
war ich erstaunt,
wie viel der alte Mann gelernt hatte.

Mark Twain

Ziel 2

Die Illusionen zerstören

Illusion 1 – Ich habe keine Wahl

Es ist 10 Uhr 50 morgens. Sie fahren auf der Überholspur der Autobahn und haben nur 30 Minuten Zeit, um zu einer wichtigen Sitzung zu gelangen. Die Straße scheint einigermaßen frei zu sein und der Nebel hat sich verflüchtigt. Und dann sehen Sie es. Sie schauen auf Ihre Tankanzeige und sie ist schon im roten Bereich. Ein flaues Gefühl macht sich in Ihrer Magengrube breit, aber als Sie Ihre Augen wieder auf die Straße richten, sehen Sie ein Schild, das in zwei Kilometern eine Tankstelle ankündigt. Sie drosseln Ihre Geschwindigkeit, wechseln auf die rechte Spur und ändern dann plötzlich Ihren Entschluß. Sie sagen zu sich selbst: »Ich habe noch genug Benzin, um die Strecke zu schaffen, ich werde nach der Sitzung tanken.« Und so rauschen Sie an der Tankstelle vorbei.

Sie haben es beinahe geschafft. Wenn der Stau nicht gewesen wäre, wären Sie noch rechtzeitig in der Firma angekommen. Aber es kam anders, Sie trotten an der Autobahn entlang, den Kanister in der Hand, und alle Hoffnung, die Sitzung noch zu erreichen, ist längst vergangen. Sie fragen sich: »Warum habe ich dort nicht angehalten?« Die Antwort auf diese Frage mag ein bißchen tiefer liegen als nur in dem Zeitdruck; sie findet sich in Ihrer Persönlichkeit.

Manche von uns haben einen Persönlichkeitstyp, der sie zu einem bestimmten Lebensstil verleitet. Prüfen Sie, ob Sie sich mit einigen der folgenden Merkmale identifizieren können, die diejenigen von uns kennzeichnen, die so leben.

- Wir tun die Dinge schnell. Wir gehen schnell, sprechen schnell und fahren schnell – sogar im Urlaub. Es ist ein sonniger Nachmittag, die ganze Welt scheint es zu genießen, langsam den trägen Fluß hinunterzupaddeln. Nur wir nicht. Wir haben uns entschieden, ein Rennen mit den Enten zu veranstalten, mit der Frau, die am Ufer entlangläuft, und mit einem Mann in einem Boot weiter vorn auf dem Fluß. Wir sind die einzigen, die Wellen schlagen!
- Wir sind sehr auf Wettbewerb ausgerichtet. Wir messen uns bei allem und stellen zu unserer Verlegenheit fest, daß wir verzweifelt zu gewinnen versuchen, selbst wenn wir Brettspiele mit kleinen Kindern spielen.
- Wir können dem Klingeln eines Telefons nicht widerstehen. Das Schlimmste, was uns im Leben passieren kann, ist, das Telefon genau in dem Moment zu erreichen, in dem es aufhört zu läuten. Wenn das geschieht, rufen wir unsere Bekannten oder in der Firma an und fragen: »Warst du es, der mich gerade vor einem Moment versucht hat anzurufen?«
- Wir wechseln ständig die Spur in einem Verkehrsstau – obwohl wir wissen, daß es ein ewiges Gesetz gibt, daß die Spur, auf die wir gerade gewechselt haben, nun langsamer fahren wird als die Spur, die wir gerade verlassen haben.
- Wenn wir auf der Autobahn fahren, stellen wir ständig komplizierte mathematische Berechnungen an – »Bis Frankfurt sind es 100 Kilometer. Wenn ich 100 km/h fahre, brauche ich eine Stunde. Wenn ich 200 km/h fahre, brauche ich nur eine halbe Stunde. Wenn ich 80 km/h fahre, brauche ich ... nein, das ist zu kompliziert.«
- Wir sind fasziniert von Zahlen. Das erste, was wir tun, wenn wir uns zu Beginn einer Reise in ein Auto setzen,

ist, den Tageskilometerzähler einzustellen. Wir fangen nichts mit dieser Zahl an, aber wir möchten einfach wissen, wie weit wir gefahren sind.

- Wir sind *polyphasisch.* Das heißt, daß wir viele Dinge auf einmal tun. Wir lesen unserem Kind vielleicht eine Gutenachtgeschichte vor, während wir einen Kunden am Telefon haben und gleichzeitig unser Spesenblatt ausfüllen.
- Es fällt uns schwer, uns zu entspannen, und wir werden häufig im Urlaub krank.
- Und, ob Sie es glauben oder nicht: Wir hassen es, zum Tanken anzuhalten. Warum ist uns das so lästig? Weil wir all die Autos und Lastwagen vorbeifahren sehen, die wir gerade überholt haben, bevor wir in die Tankstelle einbogen. Da rollen sie nun, und wir müssen sie ziehen lassen.

Nun treffen natürlich nur auf sehr wenig Leute alle diese Merkmale zu, aber die meisten von uns haben einige davon. Dennoch bringt dieser Lebensstil letztlich überhaupt nichts, er macht uns weder bei der Arbeit noch zu Hause in irgendeiner Weise effektiver. Aber es gibt sogar noch etwas Interessanteres. Solche Menschen neigen dazu, sich noch durch ein weiteres Merkmal auszuzeichnen …

... sie machen Überstunden –
ohne sich zu fragen,
ob sie es wirklich müssen.

Uns selbst kennen

Jeder von uns muß manchmal lange arbeiten. Wir können nicht immer die Familie an die erste Stelle setzen. Es sind Überstunden zu machen, Berichte zu schreiben oder Kunden anzurufen. Situationen, in denen wir nicht so viel Zeit mit unseren Kindern verbringen können wie wir es gerne hätten, sind tragbar, wenn wir wissen, daß es nicht anders geht.

Die wirkliche Tragödie besteht darin, wenn der Druck selbstgemacht ist und wir durch falsche, selbstauferlegte Geschäftigkeit, der kostbaren Zeit mit unseren Familien buchstäblich beraubt werden. So etwas fängt immer ganz normal an: Wir arbeiten lange am Freitag, damit wir am Samstag frei haben. Aber wir werden nicht ganz fertig und deshalb gehen wir am Samstagmorgen noch einmal ins Büro, »nur für ein paar Stunden«. Wir stellen fest, daß wir um 17 Uhr immer noch dort sind und entschließen uns, etwas Arbeit für den Sonntag mit nach Hause zu nehmen, so daß unser Schreibtisch am Montag frei ist.

Das wäre auch ganz in Ordnung, wenn wir nicht schon seit fünfzehn Jahren so leben würden; Überstunden sind zu einem Lebensstil geworden und wir machen sie, unabhängig von den Erfordernissen des Berufs. In Wahrheit erfüllen wir ein Bedürfnis in uns.

Eines der Anzeichen für einen motivierten Mitarbeiter ist, daß er oder sie bereit ist, zusätzliche Stunden zu investieren, wenn viel los ist. Aber die große Frage ist, ob wir Überstunden machen, obwohl eigentlich gar keine Notwendigkeit dazu besteht. Warum sind Überstunden so attraktiv? Weil sie uns sagen: »Was für eine großartige Arbeit machst du doch! Wie würden wir nur ohne dich klarkommen?«

Ich habe mich kürzlich mit jemandem unterhalten, der sagte: »Bei uns im Büro wagen wir es nicht, um achtzehn Uhr nach Hause zu gehen, selbst wenn alle Arbeit erledigt ist. Es gibt ein ungeschriebenes Gesetz, daß du bis um zwanzig Uhr dort rumhängen und beim Nachhausegehen total erschöpft aussehen mußt.«

Könnte da vielleicht etwas Wahres dran sein? Theoretisch könnten wir um 17 Uhr von unserem Schreibtisch aufstehen – eigentlich spricht nichts dagegen –, und kämen so auch noch rechtzeitig zum Schulkonzert unserer Tochter. Aber dann bekommen wir die Kurve nicht: »Ich will doch gerade noch eben nachsehen, ob das Fax schon angekommen ist. Vielleicht erledige ich das gleich, dann habe ich es morgen vom Hals.«

Überstunden an sich beweisen noch gar nichts; schon gar nicht sind sie ein Anzeichen für unseren Erfolg. James Ling drückt es so aus: »Erzählen Sie mir nicht, wie lange Sie arbeiten, sondern sagen Sie mir, was Sie geschafft haben.«

Kinder sind immer die letzte Alternative

Jim wurde mit dreiundvierzig Jahren entlassen. Der Job, den er zwei Jahre später gefunden hat, fordert von ihm eine 60-Stunden-Woche. Er hat sich das nicht ausgesucht. Es gibt viele Dinge in unserem Arbeitsleben, die es erfordern, daß wir Überstunden machen, völlig kaputt nach Hause gehen, und dann direkt noch einmal in die Firma. Niemand von uns kann viel an diesen Zeiten unseres Lebens ändern. Es wird erst dann zu einem Problem, wenn wir uns unbewußt dazu entschieden haben, so zu leben.

Wenn wir zur Tür hereinkommen, lautet eine unserer ersten Fragen: »Irgendwelche Anrufe für mich?« Wir sind gerne aktiv und, obwohl wir nicht den Mut haben, es zuzugeben – wir produzieren einen Großteil unserer Geschäftigkeit selber. Der Grund ist: Manche von uns brauchen diese Geschäftigkeit. Es ist nicht nur unsere Arbeit, die uns von unseren Kindern fernhält, – wir sagen zu beinahe jedem »Ja«, der uns bittet, irgend etwas für ihn zu erledigen. Wir sind gerne beschäftigt; wir möchten gebraucht werden. Deshalb geschieht es häufig, daß diejenigen von uns, die »Ja« zur ganzen Welt sagen, am Ende »Nein« zu denjenigen sagen, die ihnen am nächsten stehen und die sie mehr brauchen als irgend jemand sonst.

Die heute siebzehnjährige Janice, deren Vater starb, als sie acht Jahre alt war, bemerkte, wenn sie ihre Freunde zu Hause besuchte, daß viele von ihnen wie sie eine enge Beziehung zu ihren Vätern hatten und auch in derselben Situation wie sie zu sein schienen. Oft stellte sie dann erst viel später fest, daß diese Kinder ihre Väter nicht durch den Tod verloren hatten, sondern aufgrund ihres selbstauferlegten Vielbeschäftigtseins … Sie schreibt:

»Mutti ist sehr gut zurechtgekommen, und ich bin sehr stolz auf sie. Manchmal allerdings macht es mich trotzdem traurig, wenn ich an das denke, was ich vermisse, besonders, wenn ich die anderen Väter über besondere Momente reden höre. Aber ich weiß auch, daß Papa ein wunderbarer Vater wäre, wenn er am Leben wäre. Was mich aber wirklich aufbringt, sind jene Väter, die sich dazu entschieden haben, nicht mit ihren Kindern zusammenzusein.«

Könnte Janice recht haben? Sie wurde der Zeit mit ihrem Vater durch den Tod beraubt, aber ist es möglich, daß es Kinder gibt, deren Väter zwar zu Hause anwesend sind, die ihn aber dennoch nicht haben? Ist es denkbar, daß gute Väter, die ihre Kinder lieben, sich dafür entscheiden, nicht mit ihnen zusammenzusein?

Ja, das ist möglich, weil uns armen und reichen, dummen und klugen Menschen nur eine begrenzte Anzahl von Zeit gegeben ist, und jede Wahl, die wir treffen, eine andere beeinträchtigt oder gar ausschließt. Ein östliches Sprichwort bringt es auf den Punkt:

»Wenn du *dies* tust, kannst du nicht *das* tun.«

Solche Entscheidungen betreffen oft keine großen Sachen, aber sie werden eine nach der anderen getroffen und sie tragen zu einem bestimmten Lebensstil bei. Sie können sich sogar auf etwas so Belangloses wie ein Telefonat auswirken.

Ein modernes Gleichnis

Das junge Paar verließ gemeinsam das Krankenhaus. Er trug ein kleines Bündel, das nur sechs Pfund wog und über dessen Namen immer noch Kämpfe ausgetragen wurden. Er war so stolz, wie er es bisher noch nie in seinem Leben gewesen war.

Seine Frau setzte sich als erste ins Auto, und dann beugte er sich hinein, um ihr das Baby zu reichen. In diesem Moment geschah es. Das Autotelefon klingelte. Bis heute kann er sich nicht erklären, warum er es tat, aber er nahm eine Hand von dem kleinen Bündel weg und griff nach dem

Hörer. Für einen Moment, als sei die Zeit stehengeblieben, balancierte er das Kind auf der Innenseite der anderen Hand. Seine Frau schrie auf, er nahm seine Hand vom Hörer und griff das Baby. Wer immer angerufen hatte, legte auf.

Das Telefon hatte an jenem Tag den Kampf verloren, aber es schwor sich in diesem Moment, daß dieses Kind nie mehr im Leben den Vorrang bekommen sollte. Es plante einen Rachezug, der diesen Vater um Zeit mit seinem Kind berauben sollte.

Das war vor achtzehn Jahren, und seit diesem Moment hat es immer geläutet, wenn eine Gutenachtgeschichte gerade spannend wurde oder ein Monopoly-Spiel dem Ende entgegenging oder in späteren Jahren, wenn Vater und Sohn gerade ein wichtiges Gespräch führen wollten. Das Telefon versprach dem Mann immer, daß es nicht viel von seiner Zeit beanspruchen würde und daß er bald wieder zu dem zurückkehren könne, was er gerade tat. In all den Jahren hat der Vater nie die Strategie durchschaut. Das Telefon hat nicht ein einziges Mal mehr den kürzeren gezogen.

Als das Kind mit achtzehn Jahren von zu Hause wegging, klingelte es nicht mehr. Die Rache war vollzogen.

Dieses Gleichnis berührt eine Saite in meiner Erinnerung. Als meine Tochter noch sehr klein war, liebte sie es, wenn ich ihr vor dem Einschlafen vorlas. Es schien so, als ob immer gerade dann, wenn wir an den aufregendsten Teil der Geschichte kamen, das Telefon klingeln würde. Sie sagte dann: »Oh, Papi, laß es doch einfach klingeln.« Sie hätte mich auch bitten können zu fliegen. »Ich bin gleich wieder da«, sagte ich, als ich aus ihrem Zimmer herauseilte und immer zwei Treppenstufen auf einmal nehmend die Treppe hinunter lief.

Der eine Anruf zog oft einen zweiten nach sich, aber dann fiel mir auf einmal ein, daß ich den Frosch noch nicht wieder in einen Prinzen zurückverwandelt hatte und rannte nach oben. Aber der Schlaf hatte gesiegt, so sehr sie sich auch bemüht hatte, die Augen offenzuhalten. Ich hatte meine Wahl getroffen.

Ich hätte mich auch anders entscheiden können. Ich habe in meinem Leben Tausende von geschäftlichen Telefonaten geführt. Viele von ihnen wurden mir als »dringend« angekündigt, aber diejenigen, die wirklich keine zwanzig Minuten hätten warten können, kann ich an einer Hand abzählen.

Wir sind es gewöhnt, auf Anforderungen zu schauen und ihren Dringlichkeitsgrad davon abhängig zu machen, wer uns bittet, etwas zu tun. Wir neigen dazu, den Bitten unseres Chefs, eines engen Freundes oder eines besonders wichtigen Kunden als erstes nachzugehen. Ihre Anrufe werden in der Regel sofort beantwortet und, egal wie groß der Druck ist, wir nehmen uns Zeit für sie.

Das Problem von Kindern ist, daß sie nicht die Macht von Vorgesetzten, Kunden oder Kollegen haben. Egal, ob es sich darum handelt, einem Kleinkind eine Gutenachtgeschichte zu erzählen, mit einem Zehnjährigen ein Modell zu bauen oder dem Teenager bei seinem Geschichtsprojekt zu helfen, wir können sie so leicht mit einem »Das machen wir morgen« abwimmeln.

Der 40-Sekunden-Vater

In einer Studie über Väter wurden die Männer gefragt: »Was denken Sie, wieviel Zeit Sie täglich im Gespräch mit Ihren Kleinkindern verbringen?« Die meisten Befragten schätzten die Zeit auf zwischen fünfzehn und zwanzig Minuten pro Tag. Um das zu überprüfen, brachten die Forscher Mikrophone an Vätern und Kinder an, um exakt die Summe der elterlichen Interaktion zu messen. Diese vielbeschäftigten Männer verwendeten im Durchschnitt weniger als vierzig Sekunden auf ihre Kinder, aufgeteilt auf drei Zusammentreffen von jeweils ca. zehn bis fünfzehn Sekunden Länge. Einer anderen Untersuchung zufolge verbrachten die Väter drei Minuten am Tag im Gespräch mit ihren Kindern, diese Studie zeigte aber auch, daß die Kinder drei Stunden pro Tag vor dem Fernseher saßen.

Aktionsseite

- ❑ Knien Sie sich hin, um mit Ihrem kleinen Kind zu sprechen, und hören Sie mit Ihren Augen zu.

- ❑ Respektieren Sie die Privatssphäre Ihrer Kinder, wenn sie älter werden. Klopfen Sie an, bevor Sie ihr Zimmer betreten, und schnüffeln Sie nie in ihrem Zimmer herum oder lesen in ihren Tagebüchern, außer wenn das Leben Ihres Kindes davon abhängt.

- ❑ Gehen Sie mit Ihrem Teenager zu einem Konzert von seiner oder ihrer Lieblingsband. Hören Sie sich in der Woche vorher schon etwas die Musik dieser Gruppe an – das hilft Ihnen, Ihre eigene Schmerzgrenze zu erweitern!

Armut im Reichtum

Ich erinnere mich an ein Gespräch mit fünf jungen Männern. Ich hatte drei Stunden damit verbracht, sie in einer Strategie zu unterweisen, die ihnen dabei helfen würde, ihre Firma aufzubauen. Gegen Ende der Unterredung fragte ich: »Macht es Ihnen etwas aus, wenn ich Sie etwas frage?« Offen gesagt hätte ich sie das gefragt, egal, ob es ihnen etwas ausmacht oder nicht. »Ist jemand von Ihnen verheiratet und hat Kinder?« Alle hatten Familie. »Meine große Sorge ist, daß Sie in zehn Jahren alle mehr Geld haben als jetzt, aber daß Sie diese Jahre in Armut gelebt haben.«

Einer von ihnen sagte: »Ich weiß, was Sie meinen.« Er fuhr fort: »Mein Wecker klingelt morgens um halb sechs; ich möchte um sieben Uhr im Büro sein. Neulich klingelte er aus Versehen einmal erst um acht Uhr, und ich rannte ärgerlich im Haus herum. Mein sechs Jahre alter Sohn sagte zu mir: ›Was machst du denn um diese Zeit zu Hause, Papa? Bringst du mich in die Schule?‹ Ich nahm seine Hand, und wir spielten auf dem Weg zur Schule Ball mit abgefallenen Blättern. Ich dachte mir im stillen, warum machst du das eigentlich nicht öfter?«

Vielleicht, weil er nicht anders kann, aber es könnte auch sein, daß er, ohne es zu wissen … eine Wahl getroffen hatte.

Illusion 2 – »Ich habe den ganzen Tag so viel zu tun«

»Sie haben ja keine Ahnung, wie viel ich zu tun habe«, schrie der Mann. »Ich hätte ja gerne Zeit für all das – aber ich habe sie einfach nicht – ich habe den ganzen Tag zu tun.«

Ist das nicht ein faszinierender Satz – »den ganzen Tag viel zu tun haben«? Aber was bedeutet er? In einem durchschnittlichen Leben verbringen wir sechs Monate vor roten Ampeln, vierundzwanzig Jahre im Schlaf und zwei Jahre damit, Dinge zu suchen. Natürlich ist das große Problem, daß uns, nachdem wir unser Nickerchen gemacht haben, unsere Lieblingskrawatte gefunden und auf grünes Licht gewartet haben, keine Zeit mehr bleibt, um noch etwas anderes zu tun.

Zweifellos ist Zeit ein wertvolles und nur begrenzt vorhandenes Gut; sie ist ein ungewöhnlicher Rohstoff. Wir können sie nicht mieten, kaufen, beleihen, wir können sie noch nicht einmal ansparen, denn sobald wir das tun, ist sie bereits vorbei. Wir können sie nur verwenden. Und einige der gewieftesten Geschäftsleute der Welt haben entdeckt, daß sie nur schwer zu kontrollieren ist.

Joe

Joe Sunderland ist Vorarbeiter in einer Fabrik. Sein Job beinhaltet neben dem direkten Kontakt zu seinen Arbeitern auch eine ganze Menge Papierkram. Wie jeder in der ganzen Welt, der in einem Büro arbeitet, so hat auch Joe einen »ungelösten Fall«. Diese Akte besteht nun schon seit neun Monaten und ist in dieser Zeit immer abstoßender geworden. Er ist der Ansicht, daß Gnome herauskommen und ihn verschlingen würden, wenn er sie jetzt öffnen würde. Unter uns gesagt, wenn er die Sache mit etwas Energie angehen würde, könnte er sie in drei Stunden durchgearbeitet haben.

Beinahe jeden Montag morgen in den vergangenen sechs Monaten hat sich Joe vorgenommen, den Vorgang endlich anzugehen, aber es ist ja ständig etwas los – er hat einfach die Zeit nicht gehabt; es war zu leicht, etwas anderes zu tun. Aber am Mittwoch erhielt er einen Brief von der Geschäftsleitung, daß, wenn sie nicht innerhalb einer Woche eine Antwort erhalten würden, solle er wenigstens darauf achten, nicht auch noch seinen Nebenjob zu verlieren. Am nächsten Morgen ist Joe schon um sieben Uhr im Büro, um sich den Vorgang vorzunehmen. Er hat vier Stunden dafür Zeit, bis um elf Uhr die erste Sitzung beginnt. Lassen Sie uns mal sehen, was geschieht:

Szene 1: Im Büro

Sieben Uhr morgens. Er sitzt an seinem Schreibtisch, starrt auf die Akte und murmelt: »Ich werde mir nur schnell eine Tasse Kaffee holen, um wach zu werden.« Er schlendert den Gang entlang zum Getränkeautomaten. Hier trifft er Susan. Sie beginnen ein Schwätzchen …

7 Uhr 40: Er ist wieder zurück an seinem Schreibtisch, als sein Auge an einem Notizzettel hängenbleibt: »Mr. Tomkins anrufen.« Dieser Zettel liegt bereits seit zwei Tagen da. Er denkt: »Wenn ich das erst vom Tisch habe, kann ich mich wirklich auf das Problem konzentrieren.«

8 Uhr 50: Das Gespräch mit Tomkins dauerte lange und endet unharmonisch. Joe entschließt sich, seinen Chef anzurufen, um die Sache mit ihm zu besprechen. Aber zuerst braucht er die entsprechenden Unterlagen. Seine Sekretärin ist noch nicht da, deshalb sucht er selbst die Aktenordner durch …

9 Uhr 20: Anruf von der Geschäftsleitung.

9 Uhr 50: Bill streckt seinen Kopf zur Tür herein: »Hast du mal eine Minute für mich Zeit?« (Wenn das jemand zu Ihnen sagt, dann lügt er.) Joe lächelt: »Klar, komm herein – ich wollte sowieso gerade eine Pause machen.«

10 Uhr 25: Bill geht hinaus. Joe denkt: »Es hat sowieso keinen Sinn, jetzt noch anzufangen« und wendet sich einem Stapel noch zu erledigender Anrufe zu.

16 Uhr: »Ich werde bei der Geschäftsleitung anrufen und ihnen erklären, daß ich es noch nicht geschafft habe, mich darum zu kümmern. Ich hatte den ganzen Tag über so viel zu tun.«

16 Uhr 05: Die Geschäftsleitung reagiert sehr frostig.

Szene 2: Bei Joe zu Hause

Joe kommt zur Tür herein. Sein Sohn hat bereits eine Stunde gewartet.

19 Uhr 15: »Wo bist du denn gewesen, Papa? Das Spiel fängt in einer Viertelstunde an!«

»Es tut mir wirklich leid, da ist ein Problem aufgetreten, ich habe Ärger im Büro. Ich muß nachher noch einmal hin, um eine Sache fertigzumachen und muß heute abend noch ein Fax an die Geschäftsleitung schicken.«

»Joe, du hast es ihm doch versprochen – er hat die ganze Zeit auf dich gewartet, seit er aus der Schule nach Hause gekommen ist.«

»Hör mal, keiner von euch versteht, unter welchem Druck ich stehe. Ich hatte den ganzen Tag so viel zu tun …«

George

Gerade als Joe an diesem Donnerstag morgen sein Büro betrat, schlief ein Mann auf der anderen Seite des Ozeans noch tief und fest. Als er sechs Stunden später aus dem Bett stieg, hatte George Bush noch keine Ahnung, was der vor ihm liegende Tag alles bringen würde …

Gegen 11 Uhr morgens war die UdSSR zusammengebrochen, die CIA wollte tausend Agenten hinschicken, bevor sich die Situation wieder ändern würde. Saddam Hussein hatte ein drittes Team von Beobachtern verschleppt und Israel verlautbarte: »Keine Kredite – keine Friedenskonferenz.« Jeder wollte, daß er öffentlich seine Einschätzung verkündete, oder Truppen hinschicken würde, um der Lage endlich Herr zu werden.

Er kann sich an keine hektischeren sieben Stunden erinnern. Aber nachmittags um sechzehn Uhr ging George Golf spielen. Beim Abendessen fragte ihn Barbara: »Wie war dein Tag?« »Schrecklich«, antwortete er, »ich habe am neunten Loch einen Schlag vergeben.«

Hatte Joe oder George einen geschäftigeren Tag? Wer kann das schon beurteilen. Aber ich weiß auch: »Nur einer von beiden hat das getan, was er sich für diesen Tag vorgenommen hatte – bei seiner Arbeit und in der Freizeit. Und das gelang ihm, weil er drei Dinge miteinander kombinierte – effektive Ausnutzung der Zeit, Planung und Willenskraft.

Der Preis, den Joes Familie an diesem Abend zu zahlen hatte, wäre nicht notwendig gewesen. Er hätte seine Arbeit tun können – und trotzdem noch mit seinem Sohn das Fußballspiel anschauen können. In Wahrheit schuf er selbst die Geschäftigkeit, die ihm jene Stunden raubte. Und die doppelte Tragödie ist, daß solche Abende nur in begrenzter Anzahl vorhanden sind. George Bush ist jetzt nicht mehr Präsident, aber es wollen immer noch Menschen mit ihm Golf spielen.

Wollen wir hoffen, daß Joe genauso viel Glück mit seinem zehnjährigen Sohn hat.

Illusion 3 – »Die allergrößte Illusion«

Der leitende Direktor der Werbeagentur ging zum Flip-chart und begann mit seinen Ausführungen für seine sechs wichtigsten Mitarbeiter; sie waren die klügsten, die innovativsten, die Elite der Werbebranche.

Unter seinen Mitarbeitern befand sich auch die Frau, deren Slogan die Verkaufszahlen eines Getränkeherstellers verdreifacht haben, und in der zweiten Reihe saß ein Mann, der einen Satz kreiert hatte, der eine zweitrangige Bank unter die zehn führenden Banken katapultiert hat.

Er machte eine kurze Pause und fuhr dann fort: »Unser Kunde bei diesem Auftrag bleibt anonym und die Aufgabe selbst ist ungewöhnlich. Wir sind gebeten worden, eine Kampagne zu entwickeln, die Väter dazu bringen soll, weniger Zeit mit ihren Kindern zu verbringen.«

»Das ist leicht«, rief eine Stimme aus dem Hintergrund. »Geben Sie Ihnen einfach hier einen Job.«

Der Direktor runzelte die Stirn, fuhr dann aber fort: »Sie müssen einzeln daran arbeiten. Sie haben eine Woche Zeit, um eine Strategie zu entwickeln. Als Lohn winkt ein Sitz im Vorstand. Wir treffen uns nächsten Mittwoch, pünktlich um 10 Uhr.«

Eine Woche später war es soweit, nachts um zwei Uhr vor dem vereinbarten Termin. Charles hatte sieben lange Tage hinter sich, hatte 300 Zigaretten geraucht, zehn A4-Blöcke verbraucht und war kurz davor, aufzugeben. Und dann, von einem Moment zum anderen, war er auf einmal da, ein Satz, der so einfach war, so ergreifend, so umwerfend in seiner Wirkung, daß er wußte, er hatte gewonnen. Er lächelte, als er das Licht löschte und entschloß sich, seine Präsentation ganz am Schluß zu bringen.

Sieben Stunden später wartete er, daß das Meeting beginnen würde; er war auf den Wettstreit vorbereitet, als er sich im Sitzungssaal umsah. Ein Lächeln flog über sein Gesicht, als er sah, daß die meisten seiner Kollegen ihre Mappe dicht an den Körper preßten, als ob im letzten Moment ein Rivale ihre Brillanz kopieren könne. Schließlich eröffnete der Direktor die Präsentationen. Jim fing an: »Wir sagen den Vätern, daß die Überstunden zum Wohle ihrer Kinder sind. Für gute Urlaube, Computerspiele, Designerklamotten.« Und dann rückte er mit seinem Slogan heraus … »Papa ist unterwegs, weil er das Beste für dich will!«

Der Direktor war nicht beeindruckt und hüstelte verlegen. Schließlich waren das seine besten Leute. Der nächste wirkte schon etwas vielversprechender: »Der Kern meiner Kampagne besteht darin, die Arbeit über die Familie zu stellen: ›Der moderne Mann – bei der Arbeit, um für uns alle eine bessere Zukunft zu schaffen.‹«

Irgendwo aus der zweiten Reihe kam ein würgendes Geräusch von jemandem, der so tat, als sei ihm schlecht geworden. Nun hatten bereits fünf aus dem Team ihre besten Ideen vorgetragen. Die Aussicht, dem Kunden sagen zu müssen, daß sie mehr Zeit bräuchten, oder die Hälfte seiner Mitarbeiter zu entlassen, trugen in den Gedanken des Direktors einen Kampf aus, als Nummer 6 das Podium betrat.

Charles stand da, lächelte, und noch bevor er den Mund aufmachte, wußten sie, daß er es geschafft hatte. Sie hatten diesen Gesichtsausdruck bereits bei einer anderen Gelegenheit kennengelernt. Das war kurz bevor er die Idee enthüllte, einen angeschlagenen Politiker wieder auf seinen Posten zu setzen, entgegen allen Umfrageergebnissen.

Er schlug vor: »Wir sagen den Vätern, daß ihre Familie sie braucht und die Zeit mit ihren Kindern nur kurz ist und daß sich die Tür der Kindheit schnell und endgültig schließt. Und dann sagen wir ihnen, daß sie es Jahre später von ganzem Herzen bereuen werden, wenn sie jetzt keine Zeit mit ihnen verbringen.«

Der Direktor scharrte mit den Füßen und fragte sich, ob er oder das Team unzurechnungsfähig geworden seien; aber Nummer 6 sprach noch weiter …

»Und wir fordern sie dazu auf, darauf zu achten, daß sie qualitativ wertvolle Zeit mit ihren Familien verbringen.« Er machte eine Kunstpause.

»Aber wir sagen auch, daß das Leben im Moment stressig ist, so daß sie Pläne für … morgen machen sollen.« Und dann enthüllte er seinen Slogan mit einer schwungvollen Bewegung.

Der Direktor glühte vor Begeisterung und die anderen im Team machten lange Gesichter, denn Charles hatte wieder mal den Vogel abgeschossen. Quer über der Tafel stand der Satz:

»Es werden ganz sicher mal wieder ruhigere Zeiten kommen.«

Die 60-Sekunden-Seite

Erzählen Sie mir nicht, wie lange Sie arbeiten, sondern sagen Sie mir, was Sie geschafft haben.

»Was mich aber wirklich aufbringt, sind jene Väter, die sich dafür entschieden haben, nicht mit ihren Kindern zusammenzusein.«

(Janice, 17 Jahre; sie verlor ihren Vater im Alter von acht Jahren)

Das Problem von Kindern ist, daß sie nicht die Macht von Vorgesetzten, Kunden oder Kollegen haben.

Nur einer der beiden Männer tat das, was er sich für diesen Tag vorgenommen hatte – indem er Zeit, Planung und seine Willenskraft effektiv nutzte.

Es war die Aussicht auf ruhigere Tage, die es dem Vater in *Cat's in the Cradle* zu sagen erlaubte: »Wir werden dann eine gute Zeit haben.« Es ist die Hoffnung, daß, wenn sich beruflich alles gut geregelt hat, wenn der neue Computer installiert ist und läuft, wenn die stressige Arbeit erledigt wurde, wenn das Haus eingerichtet ist ... wir dann alle Zeit haben werden.

Es wird unser Leben von Grund auf verändern, wenn wir erkennen, daß keine ruhigeren Tage kommen werden. Es ist die »größte Illusion«, weil wir unsere Geschäftigkeit oft selbst schaffen.

Wenn wir als Väter etwas anders machen wollen, dann müssen wir es *jetzt* tun. Diese Entscheidung ist praktischer Natur. Sie hat etwas zu tun mit Zubettgehenszeiten, Fußballspielen am Samstag, Geschichten und Hamburgern und sie hat etwas damit zu tun, diese Zeiten aus einem geschäftigen Leben heraus zu finden – *heute*.

Ray war ein guter Dozent. Er gab sich ganz hin für die Universität. Da waren Unterlagen durchzuarbeiten, Sitzungen, deren Vorsitz er innehatte, Probleme, die er lösen mußte, aber er war immer der Ansicht, daß es in der nächsten Woche leichter sein werde. Das glaubte er bereits seit 30 Jahren. Eines Tages würden ruhigere Zeiten anbrechen. Der Dekan und seine Kollegen dankten ihm für jedes dieser dreißig Jahre. Ironischerweise schenkten sie ihm eine Uhr.

Die 1-Sekunden-Seite

Erinnern Sie sich an
die größte Illusion von allen
und glauben Sie mir …

… ruhigere Zeiten werden
nicht kommen!

Aktionsseite

- ❑ Erklären Sie einen Abend für »fernsehfrei«, und planen Sie statt dessen, etwas Kreatives miteinander zu unternehmen.

- ❑ Versuchen Sie, wann immer es möglich ist, keine Telefonanrufe in den Zeiten anzunehmen, die Sie für Ihre Kinder reserviert haben.

- ❑ Entwickeln Sie Familientraditionen. Das kann etwas so Einfaches sein, wie jeden Samstagabend Hamburger zusammen zuzubereiten – Ihre Kinder werden sich darauf freuen und sich daran erinnern, wenn sie erwachsen sind.

Ein guter Vater sein – das allerletzte Wort

Wenn es darum geht, ein guter Vater zu sein, dann zählt nur ein Wort. Wenn Sie und ich darin Erfolg haben, dann macht es nichts, wenn wir keine Bilderbuchväter gewesen sind, oder daß wir das Gefühl haben, wir hätten es auf hundert andere Arten falsch gemacht. Wenn Sie den Grundgedanken dieses Wortes erkennen, werden Sie nicht nur Freude an Ihren Kindern haben, sondern Sie werden ihnen auch eine Sicherheit vermitteln, die ein Leben lang anhält, selbst wenn Sie häufig nicht zu Hause sein können und das trotz allem, was wir über die Wichtigkeit gesagt haben, mit ihnen Zeit zu verbringen.

Und wenn Ihr Kind erwachsen ist, sich an die Jahre der Kindheit erinnert und darüber nachdenkt, ob Sie ein guter Vater waren oder nicht, dann werden Sie an diesem einfachen Wort gemessen werden. Die folgenden acht Ziele sind ihm gewidmet …

... Beziehung.

Ziel 3

Liebe geben, die keine Haken und Ösen hat

Lassen Sie uns einen Moment zurück in der Zeit gehen. Sie tragen kurze Hosen, haben einen unvergeßlichen Haarschnitt und sehen genauso aus wie auf dem Foto, das Ihre Mutter auf der Kommode stehen hat. Sie sind zehn Jahre alt.

Sie stehen auf dem Sportplatz der Schule. Versuchen Sie, sich diese Szene vorzustellen. Zwei Jungen lehnen an einer Mauer und starren auf eine große Gruppe von Kindern. Ihre Augen suchen, prüfend, sie wählen eine Mannschaft aus.

»Ich nehme Peter.«

»Ich will Graham haben.«

Ihr Magen rumort, als Ihnen die schreckliche Möglichkeit dämmert, daß Sie der letzte sein könnten. Es werden weiter Namen aufgerufen, »Harry! Mark! Jim! Simon!« Ihnen wird langsam übel. Und dann kommt es – Ihr Name! Sie schlendern über die tiefe Trennlinie, die die gewollten von den nicht gewollten trennt, und da merken Sie, daß Sie der vorletzte gewesen sind, – nur noch ein Junge mit gesenktem Blick steht nun hinter Ihnen. Und Sie erkennen, daß Sie sich gar keine Sorgen hätten machen müssen, denn der andere wird immer als letzter genommen.

Nach welchen Kriterien haben die beiden Mannschaftskapitäne gewählt? Freundschaft hat vielleicht eine Rolle gespielt, möglicherweise sogar eine kleine Bestechung – ein oder zwei Schokoriegel können eine Entscheidung erheblich beeinflußen; aber zweifellos ist es im Normalfall das Können, nichts anderes. Sie wollten Leute in ihrer Mannschaft haben, mit denen sie Siegchancen hätten.

Die meisten von uns haben diesen Spielplatz nie verlassen. Die beiden Kapitäne sind schon lange verschwunden, aber nur, um durch Vorarbeiter, Chefs, Kollegen, Anteilseigner ersetzt zu werden. Und wir wissen, daß sie uns wollen, wenn wir es verdienen.

Seit den Zeiten auf dem Sportplatz wurde uns beigebracht, daß uns Menschen mögen oder sogar lieben werden, wenn wir Erfolg haben. Hübsche Babys bekommen die meiste Aufmerksamkeit, Tanten werden gerufen, um dem begabtesten Kind beim Geigespielen zuzuhören; wir bekommen Belohnungen, wenn wir Erfolg haben. Aber die Liebe eines Vaters sollte anders sein.

Ein Lebensprinzip

Der Schlüssel zum Herzen eines Kindes liegt darin, es wissen zu lassen, daß wir es *auf jeden Fall* lieben. Es gibt keine mächtigere Kraft auf der Erde, um starke Beziehungen zu bauen, als bedingungslose Liebe.

Ich habe diese Lektion auf die harte Tour gelernt. Ich erinnere mich an meine Tochter, als sie aus der Schule nach Hause kam. Sie kam hereingerannt und rief: »Papa, ich hatte 95 % richtig in Mathe.« Ich hatte zwei Fragen an das kleine Mädchen – »Und was war mit den anderen 5 %?« und »Wo lagst du im Klassendurchschnitt?«

Ich bin nicht stolz auf diese Erinnerung. Katie hat noch ein ganzes Leben mit Menschen vor sich, die sie mögen, wenn sie Erfolg hat. Ich möchte sie dazu motivieren, das Beste zu geben, was möglich ist, aber noch mehr als das möchte ich, daß sie weiß: Meine Liebe zu ihr beruht nicht auf Erfolg, sondern auf der Tatsache, daß ich ihr Vater bin.

Ein Freund öffnete mir die Augen über das Ganze. Ich hörte, wie er mit seinem Sohn umging, der seine Prüfungen gut gemacht hatte. Das Gespräch verlief folgendermaßen:

»Hey, Junge, mach's mal nicht so spannend – was steht denn in dem Brief?«

»Ich habe alles bestanden, Papa – ich habe sechs Einsen.«

»Ich bin so stolz auf dich. Du hast unwahrscheinlich hart geabeitet – du hast es verdient. Aber ich will diesen Moment auch nutzen, um dich an etwas zu erinnern, von dem ich glaube, daß du es bereits weißt. Ich liebe dich nicht mehr, weil du es gut gemacht hast. Ich liebe dich auf jeden Fall. Wenn du nach Hause gekommen und in allem durchgefallen wärest, dann wäre ich enttäuscht gewesen, aber ich hätte dich nicht weniger geliebt. Du darfst das nie vergessen. Das ist ein Lebensprinzip zwischen dir und mir.«

Bedingungslose Liebe

Ich erinnere mich an einen Mann, der am Ende eines Seminars zu mir kam. Ich hörte aufmerksam zu, als er mir seine Geschichte erzählte, auch wenn ich den Kern der Sache bereits viele Male gehört hatte, von vielen Männern. Er erzählte mir von einer Begebenheit, als er aus der Schule nach Hause gerannt war und seinem Vater sagte, daß er der zweite aus dem ganzen Schulbezirk in dem Musikwettbewerb geworden war. »Mein Vater fragte mich: ›Wirst du denn niemals Erster werden?‹«

Er fügte hinzu: »Ich bin jetzt selbst fast fünfzig Jahre alt. Ich bin verantwortlich für zweihundert Mitarbeiter, habe selbst Kinder und ich versuche immer noch, mich meinem Vater gegenüber zu beweisen.«

Wenn wir bedingungslos lieben, dann teilen wir dem anderen mit, daß wir ihn ohne Wenn und Aber akzeptieren. Wir haben vielleicht selbst einmal zur Topauswahl der Schule gehört, aber wir werden unseren Sohn nicht niedermachen, nur weil er einfach nicht richtig mit dem Leder umgehen kann. Unsere Tochter ist vielleicht pummeliger, als wir es gerne hätten, und sie muß eine ganze Menge Hänseleien in der Schule einstecken – aber sie wird nie zum Opfer unserer Witze.

Die Kinder eines solchen Vaters wissen, egal, ob sie ein Rennen gewinnen oder als letzter ins Ziel kommen, ob sie dick oder dünn sind, Anerkennung bekommen oder versagen, daß sie trotzdem geliebt sind. Unsere Zuneigung ihnen gegenüber beruht nicht auf ihrem Erfolg, sondern auf unserer Beziehung.

Ein Freund von mir nahm kürzlich an einer sehr ungewöhnlichen Preisverleihung in einer Schule teil. Es war nicht der Direktor, der es zu einem außergewöhnlichen Ereignis machte; er stand auf und verlas auf die bewährte Weise die Liste derjenigen mit außergewöhnlichen Leistungen. Es waren nicht die Preise, die diese Gelegenheit besonders machten; die übliche Verteilung von Büchern und Urkunden ging vor sich. Und es waren noch nicht einmal die Kinder, auch wenn gesagt werden muß, daß dies keine typische Schulversammlung war.

Nein, es waren die Leistungen, die dieses Ereignis so außergewöhnlich machten. Als der Direktor sie verlas, hatte keiner der Anwesenden einen Zweifel daran, daß die Taten, die diese Teenager vollbracht hatten, herausragend waren. Dennoch wußte jeder dort, daß es wohl kaum ein Kind geben würde, egal, in welcher Schule des Landes, das nicht eine der »Leistungen« auch hätte bringen können.

Das Publikum hörte zu, als der Direktor die Namen und Gründe vorlas, weshalb diese speziellen Schüler einen Preis gewonnen hatten. »Mark deshalb, weil er das ganze Schuljahr hindurch ohne fremde Hilfe gegessen hat. Richard, weil er es gelernt hat, sich selbst die Nase zu putzen, und Susan hat ein Gedicht vorgetragen und kann sich die Zähne putzen.«

Es war eine Schule für schwerstbehinderte Kinder. Als manche nach vorne stolperten und andere tanzten, um ihre Preise entgegenzunehmen, bekamen die meisten der Anwesenden feuchte Augen. Und doch war das mehr als nur Rührung; es war irgendwie ein geistliches Erlebnis, fast wie von einer anderen Welt. Warum war es so anders?

Ich denke, daß die Antwort auf der Hand liegt. In unserer Gesellschaft sind wir an Preisverleihungen gewöhnt. Sie sind Gelegenheiten, bei denen wir jenen Anerkennung zeigen, die mehr als das Übliche geleistet haben. Wir verbringen unser Leben vielleicht in einer Theatergruppe, aber die meisten von uns werden nie die Stufen einer Bühne in Los Angeles erklimmen, um einen Oscar entgegenzunehmen. Es gibt Tausende von uns, die einmal auf einem Schulsportfest wie um ihr Leben gerannt sind, aber nur wenige von uns werden einmal auf dem Siegerpodest stehen und eine Goldmedaille in den Händen halten, während das Orchester ihre Nationalhymne spielt.

Nein, die meisten Preisverleihungen sind für die wenigen, an deren Stelle wir übrigen gerne sein würden. Die Preisverleihung in jener Schule war für diejenigen, mit denen die meisten von uns niemals tauschen würden, und doch wurden sie akzeptiert und geehrt.

Im Hintergrund waren Väter, die jubelten und klatschten und anfeuerten. Würden es diese Väter vorgezogen haben, ihren Söhnen und Töchtern dabei zuzusehen, wie sie als Sieger bei einem örtlichen Schulsporttag ins Ziel gingen? Ja, das hätten sie; manchmal träumen sie davon. Aber sie haben gelernt, daß Akzeptanz den Mittelpunkt der Vaterliebe bildet.

Begleiten Sie mich noch an einen anderen Ort. Dieses Mal ist die Szenerie voll von Kindern, die sich auf dem Höhepunkt ihrer athletischen Fähigkeiten befinden. Der kleine Sohn des Fußballtrainers hat kurz vor Schluß das entscheidende Tor geschossen und hält nun den Pokal hoch, während er auf den Schultern seiner Mannschaft getragen wird. Ein Vater, dessen Sohn nie weiter als bis auf die Ersatzbank gelangt war, kommt zum Trainer und sagt: »Sie müssen ja so stolz sein auf Ihren Jungen.«

Vielleicht hatte der Trainer einige der Bemerkungen gehört, die dieser Vater zu seinem Sohn gesagt hatte, der mit hängenden Schultern dasaß, und er antwortete bedächtig: »Ich war bereits stolz auf ihn, bevor er einen Ball treten konnte, und ich werde stolz auf ihn sein, auch wenn er nie wieder einen Ball berührt. Er ist mein Sohn.«

Akzeptanz heißt nicht, daß wir unsere Kinder nicht dazu motivieren, die Dinge besser zu machen. Sie meint auch nicht, die Hoffnung aufzugeben, daß sie sich in manchen Dingen verändern. Aber sie bedeutet, daß wir ihnen nicht die Last auferlegen, jemand sein zu müssen, der sie nicht sein können.

Wir wollen, daß unsere Kinder gute Leistungen bringen, aber noch mehr als das wollen wir, daß sie als Menschen erfolgreich werden. Dafür brauchen sie ein Gefühl von Sicherheit. Und es gibt keine größere Sicherheit und keine sicherere Art, um eine Verbindung zwischen Kind und Vater zu schaffen, als die Gewißheit, geliebt zu sein, auch wenn die eigene Schwester schlauer, ordentlicher und sogar hübscher ist als es selbst.

Aktionsseite

- ❑ Kochen Sie mit Ihrem Kind zusammen eine Mahlzeit. Man kann das bereits sehr gut mit jüngeren Kindern tun, auf jeden Fall jünger, als Sie denken.

- ❑ Messen Sie regelmäßig die Größe Ihres Kindes. Benutzen Sie eine Meßlatte, mit der Sie sein Wachstum dokumentieren – die Rückseite einer Schranktür eignet sich gut dafür.

- ❑ Versuchen Sie, wann immer es möglich ist, zusammen zu essen.

- ❑ Sehen Sie sich eine der Lieblingssendungen Ihrer Kinder gemeinsam mit ihnen im Fernsehen an, und versuchen Sie unbedingt dahinterzukommen, warum die Kinder sie mögen.

Die 60-Sekunden-Seite

Wenn Kinder mit Toleranz und fairer Behandlung leben, lernen sie geduldig und fair mit anderen umzugehen.

Wenn Kinder mit Ermutigung leben, lernen sie zu vertrauen und selbstsicher zu sein.

Wenn Kinder mit Lob und Komplimenten leben, lernen sie, auch andere anzuerkennen.

Wenn Kinder mit Fairneß leben, lernen sie die Bedeutung der Gerechtigkeit.

Wenn Kinder mit Sicherheit leben, lernen sie, Glauben zu haben.

Wenn Kinder mit Wertschätzung leben, lernen sie, sich selbst zu mögen.

Wenn Kinder mit bedingungsloser Akzeptanz leben, lernen sie, Liebe bei Gott und in der Welt zu finden.[6]

Es gibt keine mächtigere Kraft auf der Erde,
um starke Beziehungen zu bauen,
als bedingungslose Liebe.

Ziel 4

Meine Kinder loben

Nehmen wir mal an, John wäre Ihr Sohn und in seinem Zimmer herrschte totale Unordnung. Das ist bereits so, seit er von der Entbindungsstation dort eingezogen ist. Zuerst warf er mit Rasseln, Spielsachen und Essen um sich. Später ging er zu Bauklötzen, kaputten Teilen der Modelleisenbahn und Spielen über, bei denen ein Würfel fehlte.

Aber er hat all das überwunden. Jetzt hat er das Teenager-Alter erreicht. Nun sieht man kaum noch eine Rassel, ein Brettspiel oder eine Modelleisenbahn, aber vielleicht liegt das auch daran, daß es schwierig geworden ist, überhaupt noch etwas in seinem Zimmer richtig zu erkennen.

Wenn Sie ohne Vorwarnung in dieses Zimmer hineingeraten würden, dann wäre Ihr erster Gedanke, die Polizei zu rufen. Der Raum sieht aus, als hätte ein hirnverbrannter Einbrecher mit persönlicher Wut gegen den Bewohner dieses Raumes das Schlimmste angerichtet. Die Schubladen sind alle offen, Kassetten sind auf dem Boden verstreut, und es liegen überall Kleider herum – wie verwahrloste Grabhügel. Sie werfen einen Blick unter das Bett und bereuen es auch schon im gleichen Moment. Dort scheinen verschiedene Lebensformen zu existieren, einige von ihnen in lange verlassenen Haufen von Socken, Unterwäsche und Bonbonpapieren. Sie haben den Eindruck, als bewege sich da unten etwas und machen, daß Sie heil aus dem Verschlag herauskommen.

Die meisten Eltern hatten es irgendwann einmal schon mit einem solchen Kinderzimmer zu tun. Wie sind wir damit umgegangen? Normalerweise haben wir die jahrelang erprobte Managementtechnik des Brüllens angewendet. Wir haben vielleicht in zehn Jahren die meiste Zeit herumgebrüllt. Es ist schon wahr, daß es dabei kleine Siege gegeben hat, aber wir haben trotzdem das Gefühl, daß im großen und ganzen diese Strategie nicht aufzugehen scheint.

Es gibt drei Möglichkeiten:

1. Heften Sie eine Gesundheitswarnung an die Tür, und lernen Sie, damit zu leben.
2. Brüllen Sie weiterhin.
3. Probieren Sie eine andere Strategie.

Der Streit um das Kinderzimmer ist nur einer der Konflikte, die wir regelmäßig austragen. Es gibt auch noch den Kampf mit »Goldfinger«, der sich um keinen Füllhalter krümmen will (»Hast du deine Hausaufgaben gemacht?«) und »High Noon am Hamsterkäfig« (»Es ist dein Hamster, also machst du auch den Käfig sauber!«) Diese ständige Kriegsführung ist ermüdend, und außerdem haben wir das Gefühl, als würden wir unablässig nur nörgeln.

In der Tat besteht ein Großteil der Erziehung, die wir unseren Kindern angedeihen lassen, daraus, sie dabei zu erwischen, daß sie etwas Falsches tun und sie dann dafür zu kritisieren. Aber es gibt auch einen anderen Weg: Ein Vater erzählte mir, wie er über Jahre hinweg versucht hat, seinem inzwischen zehnjährigen Sohn beizubringen, wie man ordentlich mit Messer und Gabel ißt.

Das Kind hält das Besteck normalerweise, als wäre es mitten in den Dreharbeiten zu dem Film »Der letzte Mohikaner«. Eines Tages waren sie zusammen in einem Restaurant. Das Kind war gerade dabei, es wieder falsch zu machen und der Vater setzte bereits an, ärgerlich die immer gleichen Regeln an den »Mann« zu bringen, als er sich auf die Lippen biß. Etwas später bemerkte er, daß sein Sohn Messer und Gabel ganz korrekt benutzte. Das war möglicherweise ein Zufall (er hatte beinahe alle anderen möglichen Arten ja bereits ausprobiert), aber der Vater berührte seinen Sohn am Arm und sagte: »Gut gemacht! Jetzt hast du es raus.«

Er sagte, daß die nächste halbe Stunde faszinierend war, weil sein Sohn um jeden Preis versuchte, diese Werkzeuge richtig zu verwenden. Der Vater hatte entdeckt, daß, obwohl die meisten von uns auch manchmal auf Kritik reagieren, der schnellere und sicherere Weg zum Ziel immer das Lob ist. Die Entdeckung dieses einfachen Prinzips könnte zu einer Revolution nicht nur in unserer Familie, sondern auch an unserem Arbeitsplatz führen.

Dieses Lob beinhaltet mindestens zwei Elemente. Die Zunge ist ein Teil davon. Es passiert leicht, daß wir zu uns selbst sagen: »Oh, sie wissen doch, daß ich zufrieden mit ihnen bin.« Die Kraft liegt darin, es auch auszusprechen.

Und die Hand ist ebenfalls beteiligt. In unserer hochentwickelten Gesellschaft sind uns Berührungen oft peinlich. Wenn wir mit unserer Hand aus Versehen jemand anderen in einem vollbesetzten U-Bahn-Zug berühren, dann entschuldigen wir uns sofort, als hätten wir eine ansteckende Krankheit übertragen. Aber das Berühren unserer Kinder vermittelt Liebe, Akzeptanz und Wertschätzung.

Ein vierzehnjähriger Junge drückte es so aus: »Jetzt, wo ich ein Teenager bin, nehmen meine Eltern mich nicht mehr in den Arm. Aber wenn gerade niemand zuschaut, dann würde ich es mir doch wünschen.«

Den Kern der Sache bildet eine Haltung, die nach Situationen Ausschau hält, in denen wir unsere Kinder loben können. In ihrem Buch »Der Minuten-Manager«[7] fassen Blanchard und Johnson dies wie folgt zusammen:

»Helfen Sie Menschen, Ihr volles Potential zu erreichen. Erwischen Sie sie dabei, wenn sie etwas richtig machen.«

Eine junge Frau betrachtet ihre Jahre als Teenager, in denen sie einen Lebensstil entwickelt hat, der nun einen hohen emotionalen Preis von ihr fordert. Es fällt ihr schwer auszudrücken, warum sie so heftig rebellierte. Und dann erkennt sie: »Der schnellste Weg, um die Aufmerksamkeit meines Vaters zu erreichen, war, etwas falsch zu machen.«

Die Macht des Lobes ist unwahrscheinlich groß. Es gibt sicher kaum jemanden auf der Welt, der nicht darauf ansprechen würde. Die meisten von uns wissen, wie effektiv es im Berufsleben sein kann, aber vergessen, daß es für ein Kind Regen in der Wüste bedeuten kann. Lob bewirkt viele Dinge auf einmal. Es sagt uns, daß das, was wir tun, richtig ist. Es ermutigt uns, es wieder zu tun. Es bewirkt, daß wir der Person gefallen möchten, die uns gelobt hat. Und es baut Bindungen durch Zuneigung auf.

Es sollte nie unehrlich sein, aber man kann Lob auch schon für kleine Siege geben:

»Rachel, danke, daß du dich so nett um den Besuch gekümmert hast.«

»John, das hast du gut gemacht, etwas von deinem Taschengeld in die Sammelbüchse zu geben.«

»Karl, ich hätte gedacht, daß du den Schiedsrichter anschreien würdest, es ist super, daß du so ruhig geblieben bist.«

Es ist ein wirkungsvolles Prinzip, seine Kinder bei etwas zu erwischen, das sie richtig machen. Aber man kann das Lob auch in Kombination mit Tadel anwenden.

»Jenny, das hast du gut gemacht, daß du dich in Mathematik von einer vier auf eine drei verbessert hast. Aber ich bin vom Rest deines Zeugnisses enttäuscht, nicht nur wegen der Noten, sondern wegen deiner Leistungen. Deine Fortschritte in der Schule sind mir wichtig, weil ich will, daß du deine vollen Möglichkeiten ausschöpfst.«

Sie wenden vielleicht ein: »Das ist zu emotional.« Ich denke das nicht; aber wenn Sie nicht meiner Meinung sind, dann können Sie auch das folgende ausprobieren:

»Jenny, ich muß dir sagen, daß das einfach nicht gut genug ist! Ich schäme mich, dieses Zeugnis zu unterschreiben, du bist faul, und wenn du so weitermachst, wirst du immer ein Versager sein! Geh mir aus den Augen!«

Diese kleine Episode enthält den Zorn des Vaters, einen beschleunigten Puls, beißende Kritik und eine Erinnerung, die vielleicht ein Leben lang anhält. Ist das genug Gefühl?

An diesem Punkt haben Sie jedes Recht zu sagen: »Okay, ich habe verstanden. Ich werde mich nach Dingen umsehen, für die ich meine Kinder loben kann. Aber was ist mit dem Chaos im Kinderzimmer? Nennen Sie mir etwas Positives, was ich darüber sagen könnte.«

Ich muß gestehen, daß das nicht leicht ist, aber wie wäre es damit:

... »Mein Sohn –
die Decke deines Zimmers
ist ja wirklich ordentlich!«

Ziel 5

Mehr mit meinen Kindern lachen

»Wenn ich einmal nicht mehr da bin und meine Kinder über mich sprechen, dann würde ich mir wünschen, daß sie sagen, daß ich ihnen große Dinge beigebracht habe: die Welt mit staunenden Augen anzusehen, ihre Möglichkeiten zu erreichen und sich um diejenigen zu kümmern, die schwach sind. Aber ich würde mich fragen, ob ich etwas versäumt hätte, wenn sie nicht hinzufügen würden: ›Aber woran wir uns auch erinnern, ist, daß es Spaß gemacht hat, mit ihm zusammenzusein.‹«

Ein Vater

Das Leben ist ernst. Es gibt überall Schmerzen und Leid. Da sind Rechnungen, die bezahlt werden müssen und Prüfungen müssen bestanden werden; man muß sich um eine gesunde Ernährung kümmern, und es wird Disziplin verlangt. All das trifft zu; aber die Kindheit muß auch eine Zeit des Lachens sein. Wenn wir das Foto eines mißbrauchten, hungernden oder verlassenen Kindes sehen, dann steigen uns Tränen in die Augen, nicht nur wegen des direkten Schmerzes, sondern auch, weil es seiner Kindheit und seines Rechts auf das Lachen beraubt wurde.

Es muß uns gelingen, Kinder großziehen, die mit den ernsten Seiten des Lebens umgehen können und dennoch die Erinnerung an Jahre des Lachens haben. Das heißt vielleicht für uns, daß wir wieder lachen lernen müssen.

Ein namentlich nicht genannter Mönch blickte auf sein Leben zurück und machte sich Gedanken darüber, was er anders machen würde, wenn er die Uhr noch einmal zurückstellen könnte. Hier ein Auszug:

»Wenn ich mein Leben noch einmal leben könnte, dann würde ich lockerer sein.

Ich wäre alberner, als ich es auf dieser Reise gewesen bin.

Ich würde mehr Sonnenuntergänge betrachten. Ich würde mehr spazierengehen und mich umsehen.

Ich würde mehr Eis essen und weniger Bohnen.

Ich hätte mehr reale Probleme und weniger eingebildete.

Sehen Sie, ich bin einer der Menschen, die das Leben bedächtig Stunde für Stunde leben, Tag für Tag.

Ich bin einer der Menschen, die nie irgendwo hingehen, ohne ein Fieberthermometer, eine Wärmflasche, mein Mundwasser, einen Regenmantel, ein Aspirin und einen Fallschirm.

Wenn ich noch einmal von vorne anfangen könnte, dann würde ich nicht mehr so gute Noten haben, oder nur durch Zufall.

Ich würde öfter Riesenrad fahren.

Ich würde mehr Gänseblümchen pflücken.«

Die Macht des Spaßes

Als meine Kinder klein waren, mochten sie besonders gerne unsere sogenannten »Familiennächte«. Sie schleppten ihre Matratzen in unser Schlafzimmer und schliefen auf dem Fußboden. Manchmal hatten wir sogar eine »Super-Familiennacht«. Das bedeutete, daß wir alle gemeinsam auf dem Fußboden im Wohnzimmer übernachteten. Es gibt keinen logischen Grund, warum vier Menschen, die im Besitz von völlig intakten Betten sind, das tun wollen, außer dem Spaß, den es macht.

Bei einem Vortrag beschrieb ich einmal ausführlich eine »Super-Familiennacht«. Ich sagte: »Es ist wundervoll. Wir liegen alle im Dunkeln da, der Kamin brennt, wir hören Kassetten mit Hörspielen und essen zu viel Schokolade.«

Ich endete und wußte bereits, daß ich in Schwierigkeiten war, als ich »sie« auf mich zukommen sah. Ich habe genug Redeerfahrung vor vielen Menschen, um diesen Blick aus hundert Metern Entfernung erkennen zu können. Sie trieb mich in die Ecke, indem sie sagte: »Meinen Sie vielleicht, daß es klug ist, Kinder dazu zu ermutigen, Schokolade zu essen, direkt bevor sie ins Bett gehen? Das verdirbt ihre Zähne!«

Das ist Spielverderberei, wie sie leibt und lebt. Man wittert ein bißchen Spaß und greift sofort an. Ich erklärte müde: »Ja, sie haben sich hinterher die Zähne geputzt …«

Aber Kinder lieben die Menschen, die nicht nur Zeit haben, um sie zu erziehen, sondern mit denen sie auch Spaß haben können.

Ich möchte Sie dazu ermutigen, Ihre Kinder zu überraschen. Ich erinnere mich an eine Situation, als ich versuchte, zu Hause Strom zu sparen. Ich drohte meinen Kindern mit allen möglichen Dingen, aber die Lichter brannten weiter. Bis ich eine Liste an die Wand hängte mit den Namen aller Familienmitglieder.

Wenn man das Licht ausmachte, das ein anderer vergessen hatte zu löschen, dann bekam man einen Strich. Nach einer Woche wurde die Person mit den meisten Strichen mit fünf Punkten belohnt, und wir fingen wieder von vorne an. Wenn man 30 Punkte erreicht hatte, bekam man einen Preis.

Noch Monate später brauchte man bloß das Licht nur fünf Sekunden zu lange anzulassen und plötzlich kam jemand hinter dem Vorhang hervorgehuscht und machte das Licht aus. Das Haus war in Dunkel gehüllt. Wir hatten mit einem Mal alle »Angst«, überhaupt noch irgend etwas einzuschalten!

Ich weiß, was Sie jetzt denken – »Das hat wahrscheinlich nur kurz angehalten – ich wette, daß ihnen das bald lästig geworden ist.« Sie haben recht; aber ich weiß auch, daß in zehn Jahren, wenn jemand vom Energiesparen spricht, meine Kinder sagen werden: »Mein Vater hatte verrückte Ideen – du wirst nie erraten, was er mit uns gemacht hat.« Und sie werden darüber lachen – wieder einmal.

Spaß muß selten viel kosten. Spaß kann sein, ein Zelt auszuleihen und im Garten zu übernachten. Es kann sein, einmal im Jahr in der Schulzeit abends ins Kino zu gehen, und wir wissen, daß es nicht gut ist, an Abenden vor der Schule lange aufzubleiben; es bedeutet Wasserschlachten und im dicksten Verkehr zu sagen: »Im nächsten Auto, das wir überholen, sitzt ein Mann, wie ihn Gemma einmal heiraten wird.«

Wenn Sie dann an das Auto herankommen, starren alle hinein. Die Kinder machen ein wildes Theater und Sie versuchen, ein wenig Haltung zu bewahren, während sie im Augenwinkel die Reaktion des »Auserkorenen« beobachten.

Ich nehme an, daß alle diese Beispiele potentielle Gefahren enthalten. Sie könnten sich im Garten eine Lungenentzündung holen, und wir wissen, daß es nicht gut ist, an Abenden vor der Schule lange aufzubleiben, und das Wasser könnte dahin spritzen, wohin es absolut nicht soll, und der Mann in dem Auto könnte ein Axtmörder sein, der sich Ihr Kennzeichen merkt. Aber in den meisten Fällen geht alles gut … und Sie haben eine Menge mit Ihren Kindern zu lachen.

Es wird sicher ein Tag kommen, an dem Sie mit ihnen weinen werden. Sie sind vielleicht dreizehn oder dreißig, und sie werden einander in den Arm nehmen, wenn die Familie gemeinsam durch harte Zeiten geht. Es gibt kein Zuhause, das gegen solche Erfahrungen immun ist. Die Erinnerung an das Familienleben wird Bilder von harten Zeiten hervorholen, aber es sollten doch auch Momente haltlosen Gelächters dabei sein.

Als die Kinder noch sehr klein waren, haben Sie sie gekitzelt.
Hören Sie nie damit auf.

Aktionsseite

- ❑ Wenn Ihre Kinder hart an etwas arbeiten, dann loben Sie sie, auch wenn etwas nicht richtig gelingt.

- ❑ Kaufen Sie ein neues Brettspiel. Lassen Sie Ihre Kinder gelegentlich gewinnen!

- ❑ Hören Sie mit ihnen gemeinsam Hörspielkassetten an.

Ziel 6

Grenzen setzen

Ich war bei einem Freund zu Hause, als das neue Kätzchen ankam. Die drei Kinder waren sehr aufgeregt, nicht zuletzt auch die vierjährige Rebecca. Bevor ihr Vater das Tier aus der Geborgenheit seines Körbchens befreite, erklärte er ausführlich die Hausregeln in bezug auf den neuen Mitbewohner.

»Ihr könnt die Katze auf dem Rücken streicheln und am Kinn kraulen. Wenn ihr vorsichtig seid, könnt ihr sie am Bauch streicheln, und wenn ihr sanft mit ihr umgeht, dürft ihr sie auch hochheben und mit ihr schmusen.« Hier wurde die Stimme des Vaters ernst: »Aber ihr dürft sie auf keinen Fall am Schwanz ziehen. Habt ihr das alle verstanden?« Drei kleine Köpfe nickten zustimmend.

Die Katze wurde vorsichtig aus ihrem Körbchen gehoben und auf den Boden gesetzt. Sofort machte Rebecca ohne zu zögern drei Schritte auf sie zu und griff nach ihrem Schwanz. Sie drehte sich dann um, grinste ihren Vater an und bevor sich die erstaunten Eltern auch nur regen konnten, zog sie kräftig daran.

Im Grunde sagte das Kind: »Du hast mir Regeln gegeben, und ich verstehe sie. Aber ich habe mich dazu entschieden, dich zu testen und überschreite die Grenze. Was machst du jetzt?« Das Kind sucht nach einer Reaktion. Es ist von entscheidender Wichtigkeit, daß es an diesem Punkt nicht enttäuscht wird.

Das ist tatsächlich so etwas wie ein heiliger Moment und wird auf irgendeine Art bei allen Eltern und allen Kindern vorkommen. Das Leben ist voller Grenzen. Wenn wir einige von ihnen überschreiten, dann verlieren wir unsere Freunde; wenn wir andere überschreiten, verlieren wir vielleicht unser Leben.

Das Kind schaut in diesem Moment zu seinem Vater, um zu sehen, ob die Regeln wirklich gelten. Das Thema »Disziplin« ist vielschichtig und alle Eltern müssen entscheiden, welche endgültige Form sie annehmen soll, aber es ist lebenswichtig, daß das geschieht. Das ist nicht nur eine Frage der Übung. Es gibt nichts, das mit größerer Wahrscheinlichkeit Unsicherheit in einem Kind auslöst, als wenn es glaubt, es gäbe keine Grenzen und selbst wenn es welche gäbe – daß sich niemand wirklich darum kümmert, ob sie überschritten werden oder nicht.

Militärische Strategie

All das ist wahr, aber es ist auch wahr und lebenswichtig, daß wir, sobald wir in den »Krieg« gerufen werden, die richtigen Kampfeinsätze wählen. Die ständige Frage muß sein: »Ist das eine Situation, die einen Kampf wert ist?«

Wenn das nicht der Fall ist, laufen wir Gefahr, in eine Ecke zu geraten, aus der es keinen Ausweg gibt – und das ohne guten Grund. Während liebevolle Disziplin eine Beziehung untermauert, wird ungerechte Kritik oder ständiges Nörgeln sie zerstören. Es gibt viele Väter, die wünschten, sie hätten nicht den »Dritten Weltkrieg« wegen der Farbe einer Jeans angefangen, wo es doch so viele wichtigere Kämpfe auszutragen gilt.

Ein Vater beschreibt das, worum es hier geht, so:

»Meine Tochter kam eines Abends mit grellorangenen Haaren nach Hause.

Ich ging an die Decke. Mein erster Gedanke war: ›Was werden die Leute von uns denken?‹ Ich sagte ihr, daß sie nie wider so aussehen würde, solange sie unter meinem Dach lebe, und daß sie das wieder rückgängig machen müsse. Sie weigerte sich und mir blieb nun nichts anderes übrig, als mich abzuregen oder sie hinauszuwerfen.

Wir haben einen Monat lang nicht miteinander gesprochen.

Wir kommen jetzt gut miteinander aus, aber ich hätte meine Tochter fast wegen ein bißchen blöder Haarfarbe verloren.«

Es gibt nur wenige Menschen, die Konfrontationen lieben. In der Vater-Kind-Beziehung gibt es drei Elemente, die dafür sorgen können, daß, im Falle einer Konfrontation, das Ganze halbwegs positiv abläuft.

- Denken Sie daran, wie zerbrechlich das Selbstvertrauen eines Kindes sein kann. Wenn wir es zur Ordnung rufen, dürfen wir nie das Kind als Person angreifen – nur sein Verhalten. Wenn wir uns an diesen Grundsatz halten, dann haben wir immer noch eine ganze Menge darüber zu sagen, was es getan hat, aber dazu gehört nicht: »Du bist dümmer, als es die Polizei erlaubt!«

- Vergebung. Es muß einen Punkt geben, an dem man mit einem »Fall« umgehen und die Sache vergessen kann, egal, wieviel Farbe der Fünfjährige über den neuen Teppich gegossen hat oder wie tief der Schmerz ist, den der Teenager verursacht hat. Niemand von uns kann leben, wenn er immer wieder mit der Vergangenheit konfrontiert wird, sobald er einen neuen Fehler begangen hat.

- Ungeschütztheit. Kinder müssen durch unsere Art, uns nicht hinter unserer Autorität zu verstecken, erfahren, daß auch ihr Vater manchmal die Dinge falsch sieht. Ich habe einmal einen Vater herausposaunen hören: »Ich habe mich nie bei meinem Sohn entschuldigt und werde das auch nie tun.« Man kann einen solchen Mann fürchten, aber es ist schwer, ihn zu respektieren, und vielleicht noch schwieriger, eine tiefe Beziehung zu ihm zu haben.

Die 60-Sekunden-Seite

Lob bewirkt Wunder für das Hörvermögen.

»Der schnellste Weg, die Aufmerksamkeit meines Vaters zu erreichen, war, etwas falsch zu machen.«

Der sicherste Weg, in einem Kind Unsicherheit zu wecken, besteht darin, es glauben zu lassen, es gäbe keine Grenzen.

Wählen Sie Ihre Kampfeinsätze aus.

Niemand von uns kann leben, wenn wir immer wieder mit der Vergangenheit konfrontiert werden, sobald wir einen neuen Fehler machen.

*»Erzieh den Knaben für seinen Lebensweg,
dann weicht er auch im Alter nicht davon ab.«*

Sprichwörter 22,6

Ziel 7

Das Wichtigste nicht anderen überlassen

Wir befinden uns im Jahr 1895; James ist gerade dreizehn Jahre alt geworden. Den ganzen Tag hat er Seite an Seite mit seinem Vater gearbeitet – zugeschaut, wie er den Hammer hielt, die Art nachgemacht, wie er den glühenden Zunder vom Eisen abschlug und sogar zwei große Kutschpferde selbst beschlagen. Als er den Kopf hebt und hinaus über die Felder schaut, sieht er seinen besten Freund, der hinter seinem Vater herläuft, während sie gemeinsam das Feld pflügen.

So weit die Erinnerungen im Dorf reichen, gab es dort die Schmiede und die Farm. Generationen von Vätern haben die alten Techniken an ihre Kinder weitergegeben. Und während sie Seite an Seite mit ihren Söhnen arbeiteten, haben sie ihnen noch tiefgehendere Dinge als Metallarbeiten oder wie man das Pferd am Ende des Feldes wendet, beigebracht. Sie haben sie Woche für Woche und über Jahre zum Mannsein hingeführt.

Die so gelernten Lektionen waren nicht immer leicht. Manche im Dorf erinnern sich daran, wie es war, als der Gerber Harold starb. Er war erst vierzig Jahre alt und sein Sohn hatte gerade eine Woche nach seinem vierzehnten Geburtstag die Werkstatt übernommen. Er war noch ein Kind, hatte aber nun für sieben Münder zu sorgen. Natürlich war eine Zeitlang das Leder nicht so weich, als wenn es sein Vater bearbeitet hätte, aber nach einem Jahr gab es keine Frau in der Stadt mehr, die noch einen Unterschied festgestellt hätte. Und die sieben wurden satt; sein Vater wäre sehr zufrieden gewesen. Kein Zweifel, sein Sohn hatte einen guten Lehrmeister.

Nun befinden wir uns im Jahr 1995 und James ist dreizehn Jahre alt. Der moderne James hat an diesem Tag keine Zeit an der Seite seines Vaters verbracht. Sein Vater ist schon aus dem Haus gegangen, bevor er aufgestanden ist, und James war den ganzen Tag in der Schule. Nach der Schule ging er noch zum Klavierunterricht. Sobald er das Haus betritt, schaltet er den Fernseher ein und bleibt dort hängen, denn das bedeutet Unterhaltung und ist lehrreich.

Bis er ins Bett geht, wird er eine Vielzahl von Lehrern erlebt haben, Lehrer aus Fleisch und Blut sowie elektronische. Manche werden ihm Dinge über die Welt beigebracht haben, in der er lebt, andere haben ihre Gefühle vermittelt. In Geographie ging es um die Frage, warum die Menschen in Äthiopien hungern, in Biologie beschäftigte man sich mit der großen Frage, woher alles gekommen und in Religion damit, was wirklich wichtig im Leben ist. Andere haben seine Ohren für großartige Musik geöffnet oder verschlossen, sein politisches Denken geprägt, ihn in Sexualmoral unterwiesen und mitgeholfen, einen Mann aus ihm zu machen.

Um neun Uhr abends wird er zum ersten Mal an diesem Tag seinem Vater begegnen, der ihn fragt: »Was hast du denn heute gelernt?«

Und der dreizehnjährige Junge wird die universelle Antwort aller Teenager geben: »Och, nichts Besonderes.«

Aber die Wahrheit sieht anders aus. Die Wahrheit lautet: »Alles.«

Zeit zu lehren

In dem Film *True Lies* hat Arnold Schwarzenegger eine Tochter im Teenager-Alter, die er nur noch schwer unter Kontrolle halten kann. Einer seiner Arbeitskollegen erklärt ihm, warum ihm das wahrscheinlich so schwer fällt. »Ihr seid nicht mehr ihre Eltern. Ihre Eltern sind Axl Rose [der Sänger der Heavy-metal-Band Guns 'n' Roses] und Madonna. Die paar Minuten, die du am Tag mit ihr verbringst, sind nichts gegen das ständige Behämmern von denen.«

Wenn wir wollen, daß unsere Kinder unsere Werte akzeptieren, dann müssen wir diese an sie weitergeben. Das können z. B. geistliche Werte sein; wenn ich möchte, daß meine Kinder an Gott glauben, dann muß ich ihnen meinen christlichen Glauben erklären.

Vielleicht sind es auch Werte, die die Sexualität betreffen; dann brauche ich den Mut, mit ihnen offen sowohl über das Wunder als auch die Gefahren von Sex zu sprechen. Wenn ich bestimmte Dinge für richtig oder falsch halte, dann muß ich sie diese Dinge wissen lassen. Sie lehnen diese Werte vielleicht ab, aber wenn sie mir wichtig sind, dann darf ich es nicht anderen überlassen, sie darin zu lehren.

Natürlich geschieht viel von dieser Unterweisung informell, Tag für Tag, wenn sie sehen, wie wir auf bestimmte Situationen reagieren. In der Tat ist es erschreckend, daß von Kindern Werte mehr *aufgeschnappt* werden, als daß sie sie *bewußt lernen*. Aber dennoch gibt es immer eine Notwendigkeit für Gespräche, Diskussionen und Vermittlung von dem, was uns wichtig ist.

Nur: All das erfordert Planung und Zeit!

Aktionsseite

- ❑ Geben Sie an Ihre Kinder die bedeutungsvollste Lektion weiter, die Sie von Ihrem Vater oder einer anderen älteren Person, die Sie als Kind kannten, gelernt haben.

- ❑ Bringen Sie Ihren Kindern bei, wie man mit Geld umgeht; helfen Sie ihnen, ein einfaches Einnahmen-Ausgaben-Budget zu erstellen und sich daran zu halten.

- ❑ Wenn es möglich ist, dann nehmen Sie Ihr Kind an Ihren Arbeitsplatz mit. Lassen Sie es an Ihrem Platz sitzen oder stehen. Erzählen Sie ihm, wie Sie Ihren Tag verbringen.

Ein Brief von einem Teenager[8]

Liebe Mama, lieber Papa,

es hat Zeiten gegeben, zu denen Ihr gesagt habt, daß Ihr mich versteht. Aber das tut Ihr in Wirklichkeit gar nicht. Es hat Zeiten gegeben, als ich euch von meinen Problemen erzählt habe, in der Hoffnung auf Euren Rat oder Eure Unterstützung. Aber oft weist Ihr mich ab, indem Ihr sagt: »Das ist doch gar nichts ... Du solltest mal unsere Probleme haben.«

Es lag in Eurer Verantwortung, mich über Sex aufzuklären, bevor ich es auf die falsche Art entdeckte. Ihr wißt es vielleicht nicht, aber ich habe Sex auf der Straße gelernt. Glaubt mir, das ist kein guter Ort, um das zu lernen.

John

* * *

Heute ist James vierzig Jahre alt, und neben ihm im Auto sitzt ein dreizehnjähriger Junge, der sich zu ihm umdreht und fragt: »Papa, was hat denn dein Vater über die Welt, Arbeit, Sex und all diese Dinge gedacht?« Und James antwortet: »Ich weiß es wirklich nicht – er hat es mir nie gesagt.« Und für einen kurzen Moment wird sein Blick abwesend, bis er sich wieder sammelt und sagt: »Beeil dich, du kommst sonst noch zu spät.«

Und die Zeit hat ihren großen Trick ausgespielt, und zwei Generationen, einhundertfünfzig Jahre auseinanderliegend, werden an ihre Söhne weitergegeben haben ... was ihre Väter an sie weitergegeben haben.

Der ärmste Vater
kann die besten Geschenke machen.

Ziel 8

Das Einfache wiederentdecken

Es war ein Angebot, das die Augen jeden Kindes zum Strahlen bringen könnte: Komm in den Zoo! Du kannst herumlaufen und dir die Ausstellungen anschauen, wie du gerne möchtest. Du darfst sogar hinter die Kulissen schauen! Unternimm eine Reise zur Kinderecke, zum Märchentheater, schau dir die Tierbabys in der Babystation an und komm in das Zentrum für den Schutz bedrohter Tierarten.

Und das ist noch nicht alles! Unsere Sonderausstellungen warten auf dich:

»Verkleidete Tiere«, »Raubtierfütterung« und »Tierattraktionen«. Du hast deinen eigenen Führer, und kannst in Führungen einsteigen und wieder aussteigen und dir alles anschauen, wie es dir gefällt.

Und dann folgte eine kurze Notiz, was man braucht, um an dieser unglaublichen Erfahrung für Kinder teilzunehmen:

»Einen Computer: IBM-PC oder kompatibel,
mindestens mit einem 80386SX-Prozessor.
Der Computer sollte haben:
2 MByte RAM
MPC-kompatible Soundkarte
MPC-kompatibles CD-ROM-Laufwerk
Super-VGA-Grafikkarte und -Bildschirm
Microsoft-kompatible Maus empfohlen
MS-DOS 3.1 oder höher

Windows 3.1
Microsoft Extensions für CD-ROM
(MSCDEX) 2.2 oder höher

Damit ein Kind alle diese Wunder erleben kann, muß er oder sie der stolze Besitzer einer mehrere tausend Mark teuren Ausrüstung sein. Sie, lieber Vater, sind der einzige Teil der Ausrüstung, den es dann nicht mehr braucht.

Natürlich müssen Sie sich noch eine Weile darum kümmern, aber wenn Sie einmal alles angeschlossen und installiert haben, dann werden die Kinder Sie nicht mehr stören. In Wahrheit werden sie binnen Stunden so weit weg sein, daß Sie sie nie mehr einholen können.

Und sie werden ruhig sein. Wenn sie den Zoo erkundet haben, dann legen sie eine andere CD-ROM ein und spielen Fußball oder gehen auf ein Amazonas-Abenteuer.

Tolle Geschenke machen

Kürzlich war ich in einem Haus, in dem ein kleiner Junge spielte. Der Computerbildschirm war ohne Leben – man sah nur einen Ausschnitt aus einem Kampf zwischen zwei Planeten, der so lange eingefroren war, bis er ihn wieder zum Leben erwecken würde. Ich fand ihn in dem kleinen Garten hinter dem Haus. Er hatte eine kleine, quadratische Plastikbox in der Hand, in der sechs Raupen, die er gefunden hatte, auf saftigen Blättern herumkrabbelten. Als ich mich näherte, hob er den Deckel vorsichtig an und zählte sie laut noch einmal, wie um die Größe seines Fanges zu beweisen.

Wir setzten uns hin, und ich erzählte ihm die unglaubliche Geschichte, was eine Raupe alles werden kann. Seine Augen wurden weit vor Erstaunen und als ich ihm vorschlug, daß er sie aus der relativen Sicherheit in der Kiste freilassen solle, damit sie ihr Glück in der Wildnis wagen können, schien es ihm nichts auszumachen.

Es ist mir schwergefallen, den Gedanken an diesen Jungen wieder aus meinem Kopf herauszubekommen. Er scheint für eine ganze Generation von Kindern zu stehen, die in materieller Hinsicht mehr haben als alle Kinder, die jemals gelebt haben, und doch sind sie arm. Ich fragte mich, ob er jemals ein Baumhaus bauen werde, einen Damm in einem Bach errichten oder versuchen würde, eine Dose von einer Mauer in fünf Metern Entfernung zu schießen.

Und ich fragte mich, ob er jemals etwas davon mit seinem Vater tun würde.

Ich weiß, daß sich die Zeiten geändert haben und daß es dumm ist, wenn wir uns nach einem vergangenen »goldenen Zeitalter« sehnen. Ich verstehe auch, daß wir als Eltern unseren Kindern geben wollen, was wir können. Dr. James Dobson hat das Dilemma beschrieben: »Wir sind so damit beschäftigt, unseren Kindern das zu geben, was wir nicht hatten, daß wir nicht die Zeit finden, ihnen das zu geben, was wir hatten.«

Ihr neunjähriger Sohn wird den Fernseher wieder vergessen, den Sie ihm für sein Zimmer gekauft haben. Es stimmt, daß er ihm gefallen wird. Er wird nie zu ihm sagen: »Später.« Er wird immer sagen: »Setz dich jetzt ein bißchen zu mir.« Er wird, in der Abgeschiedenheit seines Zimmers, seiner Aufgabe nachgehen und ihn erziehen. Er war teuer, aber er wird keine freudige Erinnerung sein.

Er wird nie die Nacht vergessen, in der Sie mit ihm zusammen im Garten geschlafen haben, in einem alten Zelt, das Ihnen jemand geliehen hat. Er wird sich daran erinnern, wie es war, als Sie beide zu viele Gummibärchen gegessen haben und als die Batterie in der Taschenlampe ausging und es dunkler war, als er es jemals zuvor erlebt hatte. Und wenn er alt ist, wird er sich immer noch daran erinnern.

Und hier ist wieder das große Dilemma – Eltern zu sein in einer Gesellschaft, in der Liebe zu leicht an Geschenken gemessen wird, während das wahre Verlangen von Kindern jeder Generation darin besteht, nicht mehr länger in der Abwesenheit des Vaters zu leben.

Einmal beobachtete ich einen Vater, der mit seinem Sohn am Strand Ball spielte. Es war auf verschiedene Arten ein typisches Spiel: Immer wenn einer der beiden den Ball nicht mehr erreichte, dann rollte der Ball bis an das absolute Ende des Strands und man mußte fast einen Marathonlauf machen, um ihn zurückzuholen; oder der Ball wurde verpaßt und rollte häufig ins Meer, so daß einer von ihnen Leib und Leben riskieren mußte, um ihn herauszufischen. Kein Marketinggenie würde je auf die Idee kommen, ein solches Spiel zu vermarkten und man wird auch nie dafür im Fernsehen Werbung machen, mit Hintergrundmusik und speziellen Effekten. Und doch spielte dieser Vater mit seinem Sohn stundenlang, und ihr Lachen konnte man noch meilenweit entfernt hören.

Und so soll es auch sein – ob es sich um Gutenachtgeschichten für ein Kleinkind handelt, Schatzsuchen mit einem Neunjährigen oder mit einem Teenager Kaffee zu trinken und Musik zu hören – der ärmste Vater kann die besten Geschenke machen.

Aktionsseite

- ❑ »Erwischen« Sie Ihre Kinder dabei, wie sie etwas richtig machen – heute!

- ❑ Versuchen Sie es zu vermeiden, einen Fernseher im Zimmer Ihrer Kinder zu installieren.

- ❑ Machen Sie eine Liste von Werten, die Ihnen wichtig sind. Fragen Sie sich, ob Sie diese wirkungsvoll an Ihr Kind weitergeben.

- ❑ Entdecken Sie LEGO – das scheint mit Kindern im Alter von 0-100 Jahren zu funktionieren!

»Wir sind so damit beschäftigt,
unseren Kindern das zu geben,
was wir nicht hatten,
daß wir nicht die Zeit finden,
ihnen das zu geben,
was wir hatten.«

Dr. James Dobson

Ziel 9

Eine starke Beziehung zu meinen Kindern aufbauen

Wir haben beinahe unser letztes Ziel erreicht, aber wir sind auch wieder nahe an unserem Ausgangspunkt. Im Mittelpunkt des 60-Minuten-Vaters steht die Entscheidung, eine Beziehung zu unseren Kindern aufzubauen, die von Dauer ist. Das ist etwas, was die meisten Väter wollen, nur ist das Problem dabei, daß auf der ganzen Welt keine Beziehung gebaut werden kann, ohne Zeit zu investieren.

Ich höre manchmal Väter sagen: »Ich kann meinen Kindern nicht viel Zeit geben, also will ich ihnen wenigstens Zeit geben, die Qualität hat.« Ich verstehe das, aber das Problem bei dem Umgang mit Kindern liegt oft darin, daß man häufig erst eine ganze Menge an Quantität hineingeben muß, bis man wirklich zur Qualität gelangt.

Ein Vater hat vielleicht zwei Stunden damit verbracht, seiner Tochter im Teenager-Alter zu helfen, Bilder in ihrem Zimmer aufzuhängen. Er ist kein geschickter Heimwerker, das beweist schon die Tatsache, daß die Wand mehrere neue Löcher aufweist, die sich mitnichten in der Nähe der Bilder befinden. Nichtsdestoweniger: sie hängen – zumindest für den Augenblick. Dieser Zeit nun kann man beim besten Willen nicht das Prädikat »qualitätvolle Zeit« verpassen, aber als er den Hammer weglegt und das Heftpflaster auf den Daumen klebt, sagt sie: »Papi, kann ich mit dir über etwas reden …«

Für einige Zeit habe ich dabei mitgearbeitet, Ferien für Eltern, auch für Alleinerziehende, zusammen mit ihren Kindern zu organisieren – aber dabei gab es eine Besonderheit. Der ganze Sinn dieser Wochen war es, stärkere Bindungen zwischen Eltern und ihren Kindern zu entwickeln. Eine Woche nannten wir »Väter und Jungen«. Die Väter kommen aus den unterschiedlichsten Verhältnissen und Lebenssituationen. Ich habe Väter und Söhne miteinander klettern gesehen, angeln und ... miteinander reden. Ich erinnere mich an einen Vater, der getrennt von seinem zehnjährigen Sohn lebte; er nahm mich beiseite, und man sah seinem Gesicht die freudige Erregung an, als er sagte: »Mein Sohn hat mich heute abend umarmt.«

Diese Woche hat Vater und Sohn sowohl Quantität und Qualität von etwas gegeben, das sie beinahe so nötig brauchen wie die Luft zum Atmen: Zeit miteinander.

Eine meiner schönsten Erfahrungen war es, mich mit meiner Tochter Katie zu »verabreden«. Seit sie zwölf Jahre alt war, haben wir Abende miteinander verbracht; das konnte bei einer Tasse Kaffee sein, bei einer Pizza, manchmal sahen wir uns einen Film zusammen an oder gingen einfach spazieren.

Diese Abende haben uns gerettet. Sie entfernten uns von den Störungen zu Hause und sorgten für eine »erwachsene« Atmosphäre, so daß Katie sie als etwas Besonderes empfand. Wir haben oft stundenlang bei einer Cola einfach dagesessen, es mußte also nicht teuer sein, aber diese Zeiten halfen uns dabei, an unserer Beziehung zueinander zu bauen.

Mein Sohn Lloyd und ich haben gerade etwas ähnliches begonnen. Wir haben Plätze entdeckt, an denen wir Kaffee trinken, miteinander reden – und Billard spielen können!

All das ist natürlich schwer für Väter, die einen Großteil ihrer Zeit von zu Hause weg sein müssen; wenn sie einen Arbeitsplatz haben wollen, bedeutet das, daß sie unterwegs sind. Ein Vater in dieser Situation erzählte mir, wie er damit umging:

> *»Wenn Sie viel von zu Hause weg sein müssen, dann müssen sie härter an den Beziehungen arbeiten. Ich lasse meine Kinder auf alle möglichen Arten wissen, daß ich lieber mit ihnen Zeit verbringen würde. Und wenn ich dann zu Hause bin, dann lasse ich mich durch nichts der Zeit mit ihnen berauben. Sie bekommen meine ungeteilte Aufmerksamkeit. Wenn ich nach Hause komme, dann will ich nicht, daß sie überlegen, ob ich ihnen große Geschenke mitgebracht habe; ich will, daß sie sich darüber freuen, mich zu sehen.«*

Unsere Kinder sehnen sich nach unserer Zeit. Während ich dieses Buch schrieb, kam ein Mann in mein Arbeitszimmer. Er ist vierzig Jahre alt. Nachdem er sich einige Seiten des Manuskripts durchgelesen hatte, sagte er: »Als ich in der Schule war, wollte ich immer, daß mich mein Vater beim Rugbyspielen sehen würde. Ich habe es aber nie geschafft, ihm zu sagen, wie sehr ich mir das wünschte. Er ist gekommen … einmal.«

Denken Sie einmal darüber nach, wie hier ein neunjähriges Mädchen eine Großmutter beschreibt:

Omas haben nichts anderes zu tun als da zu sein.
Wenn sie mit uns spazierengehen,

dann gehen sie langsamer,
wenn wir an schönen Blättern und Raupen
vorbeikommen und sagen niemals »komm jetzt endlich«.
Meistens sind Omas dick, aber nicht zu dick,
um dir die Schuhe zuzubinden.
Sie tragen eine Brille und komische Unterwäsche und
sie können ihre Zähne herausnehmen.
Omas müssen nicht klug sein.
Sie müssen nur in der Lage sein,
Fragen zu beantworten wie
»Warum ist Gott nicht verheiratet!« und
»Warum jagen Hunde Katzen?«
Omas sprechen nicht in einer Babysprache mit uns,
wie das sonst unsere Besuche immer machen,
denn sie wissen, daß wir das nur schwer verstehen können.
Wenn sie uns vorlesen,
dann überspringen sie keine Seiten und
es macht ihnen auch nichts aus,
wenn es immer wieder dieselbe Geschichte ist.
Jeder sollte eine Oma haben, besonders,
wenn man keinen Fernseher hat.

... denn sie sind die einzigen Erwachsenen,
die Zeit haben.[9]

Aktionsseite

- ❑ Planen Sie so bald wie möglich einen halben Tag mit Ihrem Kind ein, an dem nur Sie beide Zeit miteinander verbringen und ganz alltägliche Dinge miteinander unternehmen.

- ❑ Geben Sie niemals die Beziehung zu Ihrem Kind auf, egal, in welchem Alter es ist – auch wenn es nach einer Auseinandersetzung das Haus verlassen hat.

- ❑ Lassen Sie sich durch den Mann ermutigen, der sagte: »Als ich heiratete, hatte ich vier Theorien über Kindererziehung und keine Kinder. Jetzt habe ich vier Kinder und keine Theorien!«

Die 60-Sekunden-Seite

Wenn wir wollen, daß unsere Kinder unsere Werte akzeptieren, dann müssen wir sie an sie weitergeben.

»Wir sind so damit beschäftigt, unseren Kindern das zu geben, was wir nicht hatten, daß wir nicht die Zeit haben, ihnen das zu geben, was wir hatten.«

»Omas ... gehen langsamer, wenn wir an schönen Raupen vorbeikommen und sagen niemals ›komm jetzt endlich‹.«

Das Problem beim Umgang mit Kindern liegt oft darin, daß man häufig erst eine ganze Menge an Quantität hineingeben muß, bis man wirklich zur Qualität gelangt.

Und so sollte es sein – der ärmste Vater kann die besten Geschenke machen.

Ziel 10

Das letzte Ziel

Wir sind beim zehnten und letzten Ziel angekommen. Es ist auf viele Arten die Steigerung der anderen. Bevor wir es entdecken, lassen Sie uns eine Pause einlegen.

Ich möchte noch auf Väter eingehen, deren Kinder bereits von zu Hause ausgezogen sind. Das kann eine sehr schwere Zeit sein. Ein Elternteil stellte es folgendermaßen dar: »Plötzlich waren sie weg, und ich kam an einem zu aufgeräumten Kinderzimmer vorbei.«

Es wäre für jeden von uns in dieser Situation ein leichtes, in Bedauern zu verfallen, zu sagen: »Wenn ich die Zeit nur noch einmal zurückdrehen und von vorne anfangen könnte.« Wir müssen uns alle daran erinnern, daß die Vater-Kind-Bindung sehr tief ist; es ist fast nie zu spät, damit anzufangen, eine Beziehung aufzubauen oder zu versuchen, eine Beziehung wiederherzustellen, die verlorengegangen ist. Das kann beizeiten auch heißen, seinen Stolz hinunterzuschlucken; aber das ist ein vergleichsweise niedriger Preis.

Ich habe einmal einen Vater getroffen, der genau das tat. Seine Tochter hatte sich aufgelehnt, hatte allem den Rücken gekehrt, an das ihr Vater glaubte und was er für sie gewollt hatte. Es hatte viele Streitigkeiten gegeben, aber in einer Nacht schlug die Tür ins Schloß und danach war alles still. Sie verließ ihr Zuhause und sie haben sechs Monate nicht miteinander gesprochen. Aber eines Tages hatte er das Gefühl, er müsse mit ihr sprechen. Er rief sie an und sagte:

»Cathy, du hast allem den Rücken gekehrt, an das ich je geglaubt habe und was ich für dich gewollt habe. Ich hatte damit ganz schön zu kämpfen. Ich hatte so viele Träume für deine Zukunft. Aber ich habe mich geirrt. Diese Wünsche für dich haben kein bißchen abgenommen, aber ich habe erkannt, daß es dein Leben ist. Bitte verzeih mir, wenn ich versucht habe, es für dich zu organisieren.

Ich möchte, daß du weißt, daß dir dieses Heim immer offen steht. Es ist dein Zuhause. Vergib mir, wenn ich dir je das Gefühl gegeben habe, daß es anders wäre.

Ich liebe dich, und nichts, was du jemals tust oder nicht tust, wird das ändern. ***Ich bin für dich da.****«*

Sie lesen das vielleicht ganz zu Anfang Ihrer Rolle als Vater. Lassen Sie mich den Kerngedanken dieses kleinen Buches für Sie zusammenfassen, für Menschen, die sich gerade erst der unglaublichen Herausforderung der Elternschaft stellen.

Wenn Sie das Glück haben, einen Arbeitsplatz zu haben, dann füllen Sie ihn von ganzem Herzen aus. Aber denken Sie daran, daß er, obwohl er ein wichtiger Bereich Ihres Lebens ist, nur ein Teilbereich ist und auch, wenn Sie zu großen Höhen aufsteigen mögen, eines Tages jemand anderer Ihren Platz an der Werkbank oder am Kopf des Verhandlungstisches einnehmen wird.

Niemand wird jemals ihren Platz als Vater des Kindes einnehmen, das Sie nun in den Armen halten. Sie können vielleicht für den größten Teil eines halben Jahrhunderts arbeiten, aber die Zeit, die Ihnen gegeben ist, um die wichtigen Dinge an Ihr Kind weiterzugeben, ist sehr begrenzt. Es wird viele Anforderungen an Ihre Zeit geben, und Sie werden nicht immer in der Lage sein, Ihren Kindern die Zeit zu geben, nach der sie verlangen. Aber zählen Sie die Tage, so weit es möglich ist.

Lassen Sie nicht zu, daß Sie einen von ihnen verpassen.

Dies ist ein Buch über die Vater-Kind-Beziehung, aber denken Sie daran, daß der Kern der Sache noch tiefer geht. Am Valentinstag wurde Dr. Benjamin Salk, ein Familienpsychologe, im Fernsehen interviewt. Der Moderator stellte ihm zwei tiefgründige Fragen:

1. »Wird jeder mit der Fähigkeit zu lieben geboren?« Er antwortete mit »Ja«.
2. Dann wurde er gefragt: »Warum gibt es dann nicht mehr Liebe auf der Welt?« Darauf antwortete er: »Auch wenn wir mit der Fähigkeit zu lieben geboren werden, müssen wir lernen, wie man liebt.«

   Daraufhin wandte er sich zur Kamera, sah Millionen von Zuschauern in die Augen und sagte:

   »Das Größte, das Sie als Eltern für Ihre Kinder tun können, ist, einander zu lieben.«[10]

Eine solche Liebe ist nicht immer leicht. Ich bin der Ansicht, daß jede Ehe durch eine Zeit geht, in der mindestens einer der Partner Zweifel daran bekommt, ob er sein Gegenüber überhaupt noch liebt. Vielleicht schreit sogar alles in ihm: »Vergiß es – es ist vorbei.« In einer solchen Resignation steckt enorm viel Schmerz, den das tägliche »Auseinander-Leben« mit sich brachte. Niemand wird das leugnen, aber ich weiß ebenso, daß Liebe auch etwas mit einer willentlichen Entscheidung zu tun hat, und daß es sogar immer noch ein guter Grund sein kann, es »um der Kinder willen« noch einmal miteinander zu versuchen.

Ich kenne nicht viele Briefe von Kindern, aber hier ist einer, der mir nicht mehr aus dem Kopf geht. Er stammt von einem achtjährigen Jungen.

»Mein Vater liebt meine Mutter nicht mehr, und
er hat jemand anderes gefunden.
Aber er weiß nicht,
wie traurig uns das gemacht hat,
denn wenn er das wüßte,
wäre er niemals weggegangen.«

Was ist also das letzte Ziel? Auf viele Arten ist es das schwerste von allen. Alles, was vorher kam, diente der Vorbereitung darauf.

Um es zu finden, sehen wir uns ein Gedicht an. Ein Vater bringt seiner Tochter das Radfahren bei. Er hält den Sattel hinten fest, um ihr Halt zu geben, während sie schwankend die Straße entlangfährt. Sie hat einige Schwierigkeiten, aber solange die Hand des Vaters da ist, kann sie sich im Sattel halten.

Der Schlüssel liegt in der Hand des Vaters. Sie gibt ihr die Sicherheit, die sie braucht, um ein bißchen schneller zu fahren, etwas aufrechter zu sitzen. Sie wird vielleicht nie wissen, daß er gelegentlich seine Hand weggenommen hat, und sie dann schnell wieder hinlegte, bevor sie es merkte. Aber der Vater weiß, daß die Hand am Sattel nur eine kurze Zeit gebraucht wird und daß bald der Tag kommen wird, an dem sie ihn nicht mehr auf dieselbe Weise brauchen wird …

»Morgen wird sie, auch wenn ich hinterherlaufe
mit ausgebreiteten Armen, um sie aufzufangen,
die Balance außerhalb meiner Reichweite halten,
bis die Entfernung sie klein werden läßt …
Ich bleibe stehen und weiß,
daß ich ihr folgen mußte, um sie zu lehren
und als sie gelernt hatte …
daß ich sie gehen lassen mußte.«[11]

… und das ist das letzte Ziel.

Das Vatersein ist keine leichte Aufgabe. Jemand hat das einmal gut ausgedrückt: »Es gibt keinen Schmerz, der dem der Eltern vergleichbar ist.« Die Wahrheit ist, daß trotz all unserer Unfähigkeit und Niederlagen, solche Väter zu sein, wie wir sie sein wollen, uns diese Kinder mehr als fast alles andere auf der Welt bedeuten. Und es gibt Fallstricke in Hülle und Fülle. Auf der einen Seite steht die Gefahr, unseren Kindern nicht die Zeit und Aufmerksamkeit zu geben, die sie brauchen, und auf der anderen Seite die Gefahr, daß wir von ihnen so aufgefressen werden, daß es *uns* verrückt macht und *sie* gefühlsmäßig erstickt.

Die Freude und auch der Spaß, den sie in unser Leben bringen können und die entstehen, weil wir beitragen können, ein Leben zu formen, sind ein unglaubliches Geschenk. Unsere Kinder werden mit ziemlicher Wahrscheinlichkeit selbst einmal in die Rolle der Elternschaft treten. Und hierin liegt die große Herausforderung: nicht nur um der eigenen Kinder willen, sondern auch um deren Kinder willen ein guter Vater zu sein.

Für ein so großes Ziel braucht jeder von uns alle Hilfe, die er bekommen kann. Eines Abends, als mein Sohn noch sehr klein war, betete ich mit ihm. Am nächsten Tag sollte ich ins Ausland fliegen, um auf einer internationalen juristischen Tagung zu sprechen. Es war ein Ereignis von großem beruflichem Renommee, und ich war ziemlich nervös. Ich habe viele Gebete für ihn gebetet, aber bei dieser Gelegenheit bat ich ihn, eines für mich zu sprechen. Er sagte folgendes:

»Lieber Herr, hilf bitte meinem Vater, mutig zu sein und nicht zu viele Fehler zu machen.«

Das ist kein schlechtes Gebet für alle Väter.

ANMERKUNGEN

1. **Robert Herrick**, *To the Virgins, To Make Much of Time*, in: A. Quiller-Couch (ed.), The Oxford Book of English Verse, 1250-1918, Oxford: Oxford University Press, 1939, S. 274.
2. **Robert Fulghum**, »Alles, was du wirklich wissen mußt, hast du schon als Kind gelernt« München: Goldmann, 1989, S. 10-11.
3. **Harry Chapin**, *Cat's in the Cradle*. Copyright 1974 by Story Songs Ltd.
4. **U. Bronfenbrenner**, *The Origins of Alienation*, Scientific American, August 1974.
5. *Young Peoples Relationships, Lifestyle and Sexual Attitudes*, MARC Europe Report by Boyd Myers, Agape, 1991.
6. **Dorothy Law Nolte**, *Children Learn What They Live*. Dieses Gedicht wird meist mit dem Vermerk »Autor unbekannt« veröffentlicht und scheint Allgemeingut geworden zu sein.
7. **K. Blanchard/S. Johnson**, »Der Minuten-Manager«, Rheinbek: Rowohlt 1983.
8. **J. McDowell/D. Day**, *Why Wait? What You Need To Know About The Teen Sexuality Crises*, San Bernardino, California: Here's Life Publishers, 1990, S. 379.
9. *What's A Grandmother?* eingereicht von **Juanita Nelson**, erschienen in der Mitarbeiterzeitschrift des Childrens Hospital, Los Angeles.
10. **J. McDowell/D. Day**, *How To Be A Hero To Your Kids,* Dallas, Word Publishing 1991, S. 126.
11. Gedicht entnommen aus: *Learning The Bicycle (for Heather)* von **Wyatt Prunty**, The American Scholar, 58, No. 1, (Winter 1989), S. 122.

ÜBER DEN AUTOR

Rob Parsons

Rob Parsons ist 47 Jahre alt und mit Dianne seit 25 Jahren verheiratet. Sie haben zwei Kinder im Teenager-Alter (Katie und Lloyd) und leben in einer Art Großfamilie mit Ron (50 Jahre), der seit 19 Jahren mit ihnen ihr Zuhause teilt. Ron hat keine eigene Familie, kam an einem Weihnachtsfest dazu und ist seitdem geblieben.

Rob Parsons ist ausgebildeter Lehrer und wurde 1976 als Rechtsanwalt beim Obersten Gerichtshof zugelassen. 1980 wurde er Mitbegründer von *Lawyers Planning Services*, einer Management-Beratungspraxis, die in England sowie im Ausland ihre Dienste für den Rechtsberuf anbietet.

Seit 1988 ist Rob stellvertretender Geschäftsführer bei *Care for the Family.* Während der letzten sieben Jahre hat er an Ehe- und Familienseminaren zu über 100 000 Menschen in England, Irland, Brüssel, Paris, Canada, Genf und Moskau gesprochen. Zu Ehe- und Familienfragen wird er oft zu Rundfunk- und Fernsehsendungen eingeladen.

Er ist Autor des Bestsellers *Loving Against the Odds* (»Lieben gegen alle Widerstände«). Die erste Auflage des »60-Minuten-Vaters« war innerhalb weniger Wochen vergriffen.

Das Kopfkissen-Kino für alle, die für dicke Bücher keine Zeit haben

Die 5-Minuten-Bühne

Kleine – oft nur allzu vertraute – Szenen aus dem Alltag des Familien- oder Berufslebens in Kurzgeschichtenform lockern unser Denken auf und vermitteln uns ganz nebenbei einen unbezahlbaren Schatz an ganz praktischen Einsichten. Jedes Stück kann man, dank eines kurzen »Gesprächs hinter der Bühne«, noch vertiefen.
Die Geschichten, die mitten aus dem Leben gegriffen sind, bringen zum Lachen, zum Weinen und zum Nachdenken.

Die richtige Entscheidung
ISBN 3-89490-161-6
Tb., 64 Seiten
DM 5,- / sfr 5,- / öS 37,-

Halbzeit
ISBN 3-89490-162-4
Tb., 64 Seiten
DM 5,- / sfr 5,- / öS 37,-

Sag es doch
ISBN 3-89490-163-2
Tb., 64 Seiten
DM 5,- / sfr 5,- / öS 37,-

Eine Stunde am Mittwoch
ISBN 3-89490-159-4
Tb., 64 Seiten
DM 5,- / sfr 5,- / öS 37,-

Security-Check
ISBN 3-89490-160-8
Tb., 64 Seiten
DM 5,- / sfr 5,- / öS 37,-

Weil ich dich liebe
ISBN 3-89490-167-5
Tb., 64 Seiten
DM 5,- / sfr 5,- / öS 37,-
